»Inzwischen kamen die Wehen in immer kürzeren Abständen. *Da kann nur Möllers Mutter helfen*, entschied Vater um zehn Uhr nachts. Er nahm die Petroleumlampe in die Hand, hastete über den gefrorenen Acker und kroch unter einem Stacheldraht hindurch, um den Weg abzukürzen. Dann musste er noch eine Weide überqueren, um endlich das Wohnhaus von Möllers zu erreichen.

Ganz außer Atem klopft er an das Schlafzimmerfenster. *Aufwachen, aufwachen, hier ist Heini! Anna, du musst sofort mitkommen! Es ist so weit. Anna! Anna!*«

Maria Meyer (geb. 1941) bekannt durch den Erzählband *Oma und Jule oder Ein Löwe auf dem Skateboard* lebt mit ihrem Mann in einer Kleinstadt im Oldenburger Münsterland. Sie war in ihrer aktiven Zeit eine engagierte Pädagogin und hat nach der Pensionierung ein nachhaltiges Leseprojekt auf den Weg gebracht, das von der Stiftung Lesen bundesweit durchgeführt wurde (»Lesestart«). Jule und Charleen Meyer, ihre Enkelinnen, leben mit ihrer Familie in einer kleinen Ortschaft in Niedersachsen. Jule interessiert sich für seltene Pflanzen und Tiere. Zur Zeit züchtet sie Weißbauchigel. Charleens Hobby ist das Tanzen.

MARIA MEYER

NEUES VON OMA UND JULE

Erzählungen von früher und heute

www.mariameyer.info

Bibliografische Information der Deutschen Nationalbibliothek:
Die Deutsche Nationalbibliothek verzeichnet diese Publikation in der Deutschen
Nationalbibliografie; detaillierte bibliografische Daten sind im Internet über
http://dnb.dnb.de abrufbar.

2. Auflage
© 2020 Maria Meyer
Lektorat: Andreas Meyer
Satz und Layout: Andreas Meyer
Korrektorat: Uschi und Jan Röttgers
Innenillustrationen: Anna Göttke-Krogmann
Umschlaggestaltung: Kristina Schlemmer
Umschlagbilder: Anna Göttke-Krogmann & Katja Meyer

Herstellung und Verlag: BoD – Books on Demand, Norderstedt

ISBN: 9783750412781

For you, Betti, wherever you are …

INHALTSVERZEICHNIS

DER ERSTE SCHULTAG 1948

(ODER: STAR WARS GEGEN BUTTERBROT)

Es ist Anfang August. Nach einer verregneten Ferienzeit hat die Schule wieder begonnen. Oma ist bei strahlender Sonne auf ihrem E-Bike unterwegs nach Rüschendorf, einem ländlich gelegenen Ortsteil der Stadt Damme in Niedersachsen, unweit des Dümmer Sees.

»Seltsam«, denkt sie und schaut kurz hinauf in den wolkenlosen blauen Himmel, »sobald die Schule anfängt, kommt auch das gute Wetter. Das hätte ich den Kindern in den Ferien gegönnt.« Ihr Blick fällt auf die Roggenfelder neben der Straße. Sie sind noch nicht abgeerntet, die Halme biegen sich unter der Last der Feuchtigkeit. Die Ähren, mit Wasser vollgesogen, lassen die Köpfe hängen.

»Für die Bauern wäre es ein Segen, wenn die schöne Witterung anhalten würde«, denkt Oma weiter.

Im Kräutergarten 71 in Rüschendorf angekommen, steigt sie gleich die Treppen hinauf zu Charleens Zimmer, hält aber vor der Tür inne. Charleen – Omas jüngste Enkelin und kleine Schwester von Jule – hat nämlich ein Schild mit der Aufschrift »Bitte nicht stören!« angebracht.

Oma klopft.

»Herein!«, ruft eine genervte Stimme. »Wer ist denn da schon wieder? Ach du, Omi. Komm rein! Ich dachte schon, Jule wär das. *Hast du noch einen Bleistift über oder 'nen Ratzefummel?*«, äfft Charleen ihre Schwester nach. Sie sitzt am Schreibtisch in ihrem kleinen, sorgfältig aufgeräumten Zimmer mit den fliederfarbenen Tapeten. Auf dem Bett türmt sich ein ganzer Berg Stofftiere.

»Na, wie war der erste Schultag?«, fragt Oma, um vom Zickenalarm abzulenken. Außerdem ist sie heute besonders neugierig. Schließlich war es Charleens erster Tag in der fünften Klasse – an der neuen Schule.

»Normal«, meint Charleen, »ganz normal. Wir haben fast nur gute Lehrer bekommen. Leider auch die Frau Mader in Textilem Gestalten.« Charleen seufzt. »Die ist doof, hat Luca gesagt.«

Oma geht nicht darauf ein. »Dann war's in der Grundschule also viel besser?«

Charleen nickt. »Und wie. Vor allen Dingen in Klasse eins und zwei. Wenn ich an meinen allerersten Schultag denke, Mann, habe ich mich damals darauf gefreut.«

»Und wir haben diesen Tag mit dir festlich gefeiert. Es war ein schöner, sonniger Tag«, erinnert sich Oma. »Wir haben mittags draußen gesessen, die Taufpaten waren auch da und dein Papa hat gegrillt.«

Charleen grinst. »Ja. Für mich war das wie eine Geburtstagsfeier – natürlich auch mit vielen Geschenken. Ach, ich möchte noch einmal so klein sein!«

Sie hat ihre Federmappe ausgekippt, um doch noch nach einem Bleistift für Jule zu suchen.

»Weißt du noch, wie deine Schultüte aussah?«, fragt Oma.

»Klar. Warte, ich hole mal das Album.« Schon springt sie auf und flitzt zum Regal neben dem Schreibtisch. Das Fotoalbum findet sie sofort. Im Gegensatz zu ihren großen Schwestern ist Charleen sehr ordnungsliebend. Bei ihr ist alles am richtigen Platz. Sie schlägt das Album auf.

»Schau, Omi. Eine Star Wars-Schultüte. Hatte Mama gebastelt.«

Oma rückt ihre Brille zurecht. »Oh ja, Charleen, ich erinnere mich. Mit deiner Lieblingsfigur. Den Namen hab ich allerdings vergessen ...«

»Ahsoka«, sagt Charleen. »*A-scho-ka*. Gehört zu Star Wars, Oma.«

Oma mustert das Foto. Ahsoka ist eine hübsche, kämpferisch wirkende junge Frau. Sie trägt zwei Lichtschwerter in den Fäusten, ihr Gesicht ist kunstvoll tätowiert.

»Weiß ich doch«, erklärt Oma schließlich. »Ahsoka ... den Namen hatte ich dir ja auch einmal auf ein T-Shirt drucken lassen, das ich dir dann zum Geburtstag geschenkt habe. Ahsoka ist mir sehr sympathisch, so wie sie sich im Film zeigt«, fügt sie noch hinzu.

Charleen schaut Oma fragend von der Seite an. »Oma, sag mal ... erinnerst du dich denn noch an deinen allerersten Schultag? Ja? Oh, dann erzähl mir doch mal die ganze Geschichte. Komm, wir machen es uns gemütlich.« Charleen setzt sich mit dem Album aufs Bett und zeigt auf den Platz neben sich. »Komm, Omi!«

Charleen mag die Geschichten von früher, besonders, wenn sie Oma für sich allein hat und die älteren Schwestern sie nicht nerven.

Beide rücken ganz nah zusammen. Oma legt den Arm um Charleen und beginnt zu erzählen.

»Ich wurde im April 1948 eingeschult. Das neue Schuljahr begann damals immer nach Ostern. Erst 1966 erfolgte die Umstellung, so, wie wir sie heute kennen: mit dem Schulbeginn direkt nach den Sommerferien. Sicher war ich genauso aufgeregt wie du damals. Die Einzelheiten stelle ich mir so vor: Wahrscheinlich habe ich morgens keinen einzigen Pfannkuchen mehr runtergekriegt, sondern nur eine Tasse warme Milch getrunken. Dann

kam ein Butterbrot, in Pergamentpapier eingewickelt, in den Tornister, und los ging's an der Hand meiner älteren Schwester auf
zur Schule.«

»Moment, Omi. Nicht so schnell!«, unterbricht Charleen. »Ich
stelle mir das gerade vor. Was hattest du denn an? Das muss ich
doch wissen.« Sie schlägt das Album wieder auf. »Schau mal hier
– das pinkfarbene Sommerkleid, das hab ich getragen. Das war
mein Lieblingskleid. Und die Sandalen mit den Bändern fand ich
auch hübsch. Nicht zu vergessen: meine schöne Frisur. Mama
hatte mir vorne einen Extrazopf geflochten, die übrigen Haare
wollte ich offen tragen.«

»Ja, mein *hübsches* Kind«, wirft Oma augenzwinkernd ein. »Und
wo war heute zum Schulanfang der Extrazopf?«

»Das ist doch schon lange nicht mehr cool.« Charleen zuckt die
Achseln. Es scheint sie nicht besonders zu kümmern, dass die
Mode so schnell wechselt. »Hattest du denn auch so ein schönes
Sommerkleid an, Omi? So wie ich?«

Oma schüttelt den Kopf. »Wahrscheinlich trug ich – da es ja
direkt nach Ostern war – noch mein bestes dickes Winterkleid.
Dazu eine bunte Schürze. Dann geschnürte, hohe Schuhe und
vielleicht noch Schleifen in den dünnen Rattenzöpfen. Leider hatte ich nicht so schönes dickes Haar wie du«, meint Oma und
streichelt Charleen zärtlich über den Kopf. Dann fährt sie zügig
fort. »Also – am ersten Schultag begleitete Mutter meine Schwester und mich sicher noch bis zur Landstraße. Wahrscheinlich
winkte sie uns einmal nach und dann trabten wir eilig los. Wir
wollten nämlich die Ersten bei der Schule sein.«

»Warum das denn?«, fragt Charleen neugierig.

»Weißt du«, fährt Oma fort, »es ging nämlich im Dorf ein Gerücht: Wer als Erster am Schulgebäude erscheint, darf auch den

ersten Platz in der ersten Bank einnehmen ... Was schaust du so ungläubig, Charleen?«

»Ich versteh nicht, warum das so wichtig sein soll. Vorne auf dem ersten Platz in der ersten Bank sitzen? Ist doch egal, wo man sitzt.«

Oma überlegt. »Nun, der erste Platz war sozusagen der beste Platz in der ganzen Klasse. Später im Schuljahr wurde man mit diesem Platz belohnt, wenn man die beste Leistung gezeigt hatte. Dann durfte man auf dem ersten Platz sitzen, was ich aber nur einmal geschafft habe. Der erste Platz wurde immer wieder neu vergeben«, erklärt sie. »Deshalb rannten Irmgard und ich am Ende so schnell, wie wir konnten. Als wir atemlos bei der Schule ankamen, waren leider schon mehrere Kinder dort. *Wären wir doch nur eher aufgestanden oder schneller gerannt!* keuchte Irmgard.« Oma schmunzelt. »Nun, wie sich später herausstellte, war unser Ärger umsonst, denn an diesem Tag wurden alle Plätze willkürlich vergeben.«

»Warte, Oma – du hast noch nichts von deinem Tornister, also diesem Schulranzen erzählt.«

Oma nickt. »Ja, stimmt. Den gebrauchten Tornister hatte ich geschenkt bekommen. Er war aus Leder und hatte innen nur ein einziges Fach – also gerade genug Platz für die Tafel, den hölzernen Griffelkasten und das Butterbrot.«

Charleen staunt. »Eine Tafel?« fragt sie. »Du meinst Schokolade?«

Oma lacht. »Nein. Eine Schiefertafel, Charleen. Zum Schreiben. Eine Tafel mit einem Holzrahmen, an der zwei kleine Lappen zum Putzen befestigt waren.«

Charleen runzelt die Stirn. »Und was war mit deiner Fibel und dem Mathebuch? Als ich eingeschult wurde, bekamen meine Eltern schon vor den Sommerferien eine lange Liste. Alles, was draufstand, musste gekauft werden. War ganz schön teuer«, erinnert sie sich. »Den rosa-silbernen Schulranzen hast du ja gekauft, Omi. Erinnerst du dich noch? Zusammen mit dem farblich passenden Turnbeutel und der Federmappe?«

Oma nickt zufrieden. »Jawohl, für solche Dinge sind die Omas wohl immer zuständig. Von der Kindergartentasche bis hin zum Schulrucksack. Falls du einmal Lehrerin wirst – und ich das noch erlebe – würde ich dir auch die erste Aktentasche aus Leder kaufen.«

Charleen grinst. »Keine Chance, Omi. Erstmal werde ich garantiert nicht Lehrerin, sondern ...« Sie stockt, überlegt kurz, aber ihr fällt nichts weiter dazu ein. Offenbar hat Charleen noch keine konkreten Berufswünsche. »Egal«, fährt sie fort. »Was ich sagen wollte, war: Die Lehrerinnen heute haben fast alle einen Trolley zum Ziehen. Keine Aktentasche.«

»Was man nicht im Kopf hat, hat man im Koffer«, murmelt Oma, fährt dann aber laut fort. »Zurück zu meinem Tornister. Ich glaube – ja, eine Fibel war doch drin, die gebrauchte von meiner großen Schwester Irmgard. Und der Griffelkasten. Der war sogar nagelneu. Ein länglicher Holzkasten mit einem Deckel zum Schieben, mit einem wunderschönen Blumenmuster darauf.«

Charleen blättert weiter im Album. »Schau! Hier bist du mit auf dem Foto, Omi, vor dem Gottesdienst. Und hier stehen wir vor der Schule. Und hier ist der Empfang durch die großen Schüler. Dann die erste Stunde. Ich glaube, die Eltern haben solange Kaffee getrunken. Und hier, schau mal, endlich Schule aus! Und da siehst du mich wieder mit der Star Wars–Schultüte.« Charleen genießt im Nachhinein noch einmal alle Szenen.

Ich wundere mich, dass wir keinen Schulanfangsgottesdienst hatten, denkt Oma, *wo doch das ganze Leben so religiös geprägt war. Aber ein Gottesdienst auf Latein? Extra für Kinder –?*

»Omi?«, fragt Charleen, während sie das Album durchblättert.

»Ja?«

»Wie geht deine Geschichte denn jetzt weiter?«

»Wie ich schon sagte, wir waren nicht die Ersten bei der Schule. Als der Hauptlehrer endlich auf den Schulhof kam, mussten sich alle Kinder vor der Treppe aufstellen. Links die Mädchen, rechts die Jungen, in schnurgeraden Reihen, wie bei der Bundeswehr. Die Großen schoben uns i-Männchen ganz nach vorne. Und dann, nachdem der Lehrer überprüft hatte, ob die Reihen auch wirklich wie mit dem Lineal gezogen waren, durften wir eintreten. Die Mädchen des ersten Schuljahres wurden links vorne in die Bänke eingewiesen, die Jungen rechts.«

»Stopp, Oma, was soll das denn mit dem links und rechts?«, hakt Charleen ein. »Das ist doch pottegal, oder?«

Oma schüttelt den Kopf. »Früher nicht. Es wurde immer und überall nach Männlein und Weiblein getrennt. In der Kirche saßen zum Beispiel die Jungen und die Männer rechts und die Mädchen und die Frauen links vom Hauptgang. Weißt du – auf dem Weg zum Altar geht die Braut auch heute noch zunächst an der linken Seite des Bräutigams. Und nach der Trauung, wenn sie sich umgedreht hat, dann darf sie an der rechten Seite ihres Ehemanns gehen.«

»Dann ist rechts also die bessere Seite? Immer die Männer zuerst, das ist fies!«

»Für eure Familie gilt das aber nicht. Dein Papa hat's immerhin mit vier Frauen zu tun.«

»Vergiss nicht Fibi und Sally, die sind auch weiblich«, wirft Charleen triumphierend ein, »und sie haben ebenfalls Familienanschluss.« Fibi und Sally sind die zwei Hunde der Familie Meyer in Rüschendorf. Neben zehn Kaninchen, drei Meerschweinchen und zwölf Hühnern zählen sie zu den Tieren, um die sich die

Kinder tagtäglich kümmern. Ganz hinten im Garten, kurz vor dem Weidezaun, stehen ein großer Hühner- und ein noch größerer Kaninchenstall. Diese Ställe hat Charleens Vater eigenhändig für den Mini-Zoo gebaut.

»Armer Papa!«, meint Charleen schließlich. Offenbar hat sie weiter über die zahlreichen weiblichen Mitglieder des Haushalts und die Anstrengungen, die das Leben mit ihnen mit sich bringen kann, nachgedacht. »Na ja, er wird's überleben.« Sie kuschelt sich wieder an Oma. »Also weiter, Omi! Du musstest also links sitzen?«

»Ja, eingezwängt zwischen vier anderen Mädchen auf einer langen Holzbank. *Aufstehen! Beten! Setzen! Die Hände falten! Still sitzen und nach vorne schauen*! So lautete die strenge Ansage des Hauptlehrers. Diese Befehle galten nicht nur für uns Neulinge, sondern auch für die anderen sechzig Kinder hinter uns. Der Lehrer unterrichtete nämlich alle Jahrgänge von Klasse eins bis acht gleichzeitig. Wie die Sardinen in der Büchse hockten wir auf den Bänken und niemand rührte sich.«

Charleen staunt. »Sechzig Kinder – und dazu noch die Erstklässler?«, fragt sie. »In einer einzigen Klasse?«

Oma nickt. »Ja. Das ist natürlich eine ganze Menge. Darum beschäftigte sich der Lehrer auch nur höchstens zehn Minuten mit den i-Männchen. Kurz gefasst hieß das: Vor- und Nachnamen aufsagen, dann den ersten Buchstaben lernen.«

»Und der war?

Oma schmunzelt. »Was glaubst du wohl?«

Charleen zuckt die Achseln.

»I«, sagt Oma. »Der erste Buchstabe war das ›i‹. Der Lehrer zeigte uns dazu ein Bild in der Fibel. Da stand ein Junge unter einer Pumpe, aus der eiskaltes Wasser strömte. ›Iiii!‹ schrie der arme Tropf aus Leibeskräften.«

Charleen grinst.

»Und schon war das i für den Lese- und Schreiblehrgang eingeführt«, erklärt Oma weiter. »Jetzt folgte die Übungsphase. Die großen Mädchen aus dem achten Schuljahr knieten sich zwischen die Reihen, um uns beim Schreiben des is auf der Tafel die Hand zu führen. Die Mathestunde verlief ähnlich: die ganze Tafel voll mit der Ziffer 1 schreiben. Hausarbeit: vier Reihen i und vier Reihen mit der Eins.«

Charleen denkt nach. »Also, wir haben zuerst Wörter gelesen und dann Druckbuchstaben geschrieben. Welche, weiß ich nicht mehr, aber mit einem dicken blauen Stift.« Sie schaut auf. »Oma, sag mal, wenn du in der Schule so viel geschrieben hattest, dann brauchtest du zu Hause ja nichts mehr zu tun, deine Schiefertafel war ja voll, oder?«

Oma schmunzelt. »Schön wär's gewesen. Vor Unterrichtsschluss hieß es immer: *Tafel abputzen!*«

»Und womit?«

»Zunächst einmal mit den Lappen, die an der Tafel befestigt waren. Dann zu Hause mit einem nassen Schwamm, sonst blieb die Tafel ja blind und schmuddelig. Manche Kinder haben auch einfach auf die Tafel gespuckt.«

»Igitt, Oma. Echt eklig!« Charleen verzieht angewidert das Gesicht.

»Na ja, der Lehrer hat's nicht ausdrücklich verboten, obwohl er auf Sauberkeit und Ordnung achtete: *Ohren sauber, Fingernägel sauber, ein frisches Taschentuch, Griffel angespitzt?* Das war die morgendliche Kontrolle.«

Charleen muss sich wundern. »Ohren sauber? Ich lach mich schrott. Das ging den Lehrer doch nix an.«

»Was das den Lehrer anging, überlegst du? Nun, wenn die Ohren vom Ohrenschmalz verstopft sind, dann kann der Schüler in der Klasse nicht alles verstehen ...«

Charleen runzelt die Stirn, dann aber lächelt sie, denn ihr ist etwas eingefallen. »Na, dann müssten in meiner Klasse aber viele zum Ohrenarzt.« Sie wendet sich Oma zu. »Ich kapier das aber trotzdem nicht, Omi. Was mischte sich der Lehrer da überhaupt ein?«

»Na ja. Der Lehrer war eben der Oberbestimmer, wie du früher gern gesagt hast. Was er sagte, war Gesetz und wurde von den Eltern nicht in Frage gestellt.«

Charleen klappt ihr Album wieder zu. »Noch eine andere Frage, Oma. Wie viele Stunden hattet ihr denn am ersten Tag?«

»Ich glaube zwei.«

»Und wurdest du von deiner Mutter abgeholt?«

»Wo denkst du hin? Die musste doch auf dem Feld arbeiten. Ich bin mit meinem Freund Siegfried nach Hause getrödelt. Wir haben uns noch darüber unterhalten, warum der Lehrer nicht – wie im Vorjahr – jedem Kind wenigstens ein Bonbon geschenkt hatte. Siegfried meinte: *Zusammen mit den Flüchtlingen waren wir wohl zu viele Kinder. So viel Geld hatte er bestimmt nicht übrig.*«

Charleen seufzt. Wahrscheinlich war sie gerade in Gedanken bei ihrer prall gefüllten Schultüte.

Da wird die Tür aufgerissen und Jule stürmt herein. »Oh, Omi!«, stottert sie ganz verdutzt.

»Jule«, schimpft Charleen energisch, »du solltest doch anklopfen!«

»Entschuldige«, meint Jule mit einem Blick auf Oma, dann wendet sie sich Charleen zu. »Hast du nun einen Bleistift über oder nicht?«

Charleen reicht Jule einen Stummel. »Langt der?«

Jule starrt den Stummel einen Augenblick lang an, dann nickt sie wortlos und macht auf dem Absatz kehrt.

»Warte mal, Jule«, ruft Oma ihr hinterher, »ich hätte von dir natürlich auch noch gern gewusst, wie's heute war.«

Jule hält kurz inne. »Lohnt nicht, Oma.« Ganz lässig winkt sie ab. »Alles langweilig – wie immer.« Und schon ist sie verschwunden.

»Die tut nur so, Omi«, flüstert Charleen jetzt. »Dabei hat sie uns beim Mittagessen die ganze Zeit vollgelabert.«

»Ähm – ›vollgelabert‹ sagst du? Weswegen?«

»Wegen des Neuen!« Charleen wirft Oma einen verschwörerischen Blick zu. »Der jetzt in ihre Klasse gekommen ist ... Den finden alle Mädchen wohl auf Anhieb ganz toll. Ha, ha, dabei ist der sitzengeblieben!«

Also immer noch Zickenalarm, denkt Oma. *Wie lange das wohl noch anhält?*

AUFMUCKEN ODER KUSCHEN?

Als Oma die Treppe hinuntersteigt, folgt ihr Jule. »Oma, worüber habt ihr eben gesprochen?«

»Über das Thema Schulanfang. Und den ersten Schultag.«

Jule horcht auf. »Oh, interessant. Weißt du noch, was für eine tolle Schultüte ich damals hatte?«

»Klar. Gebastelt von Mama, auf deinen Wunsch hin mit einer schwarzen, feurigen Rakete bemalt. Wurde sogar von der Zeitung prämiert.«

»Genau.« Jule seufzt wehmütig. Sie hatte die Schultüte später noch jahrelang in ihrem Zimmer aufbewahrt. »Ach, eigentlich ist die Grundschulzeit viel zu schnell vergangen.«

Oma nickt. »Dasselbe hat Charleen eben gesagt. Ich merk's wohl, du sehnst dich auch danach zurück ...«

»Ja und nein.« Jule zögert. »J-j-jein, würde ich sagen. Mann, war ich damals schüchtern«, gesteht sie schließlich freimütig ein. Jule wird im Juli vierzehn, und die Grundschulzeit liegt für sie lange zurück.

Oma denkt nach. »Schüchtern warst du, das stimmt. Aber das hat sich – Gott sei Dank! – geändert.«

»Und du, Omi? Wie warst du denn so mit sieben?«, fragt Jule. Die Frage kommt nicht von ungefähr – Jule hat schon seit Längerem festgestellt, dass sie in mancher Weise Oma ähnelt, das heißt, Omas Gene geerbt hat.

»In der Schule war ich – wie ich schon oft erzählt habe – sehr schüchtern. Aber zu Hause nicht.«

Jule fragt mit etwas vorsichtigem Seitenblick nach. »Gab's bei euch dreien eigentlich denn auch mal Zickenalarm?«

Oma nickt. »Na klar. Aber wir Größeren mussten immer nachgeben. Dann hieß es: *Ihr solltet euch schämen! Wenn ihr euch noch einmal zankt, dürft ihr nicht zum Spielen raus, basta!*«

Jule nickt. »Das passt. Ja, früher habe ich mich oft von Luca unterbuttern lassen – oder Charleen nachgegeben, wenn sie anfing zu heulen. Aber die Zeiten sind vorbei. Heute lasse ich mir nicht mehr alles gefallen.« Sie sieht Oma fragend an. »Und du, Omi? Hast du später denn mal richtig aufgemuckt?«

Oma schüttelt den Kopf. »Selten. Nein, ich habe um des lieben Friedens willen, wie man sagt, fast immer nachgegeben; ich hätte sonst ein zu schlechtes Gewissen gehabt. ›Der Klügere gibt nach‹, weißt du?«

Jule lacht. »Ha! Und du wolltest unbedingt die Klügere sein, Omi! Ja, das kommt mir bekannt vor. Du hast mir oft erzählt, dass die Erwachsenen die Bestimmer waren und ihr Kinder – ohne Widerworte – gehorchen musstet.«

Oma nickt ernst. »Genau so war's. Nach dem Krieg und bis weit in die sechziger Jahre hinein. Aber dann kam die antiautoritäre Erziehung. Da war auf einmal alles erlaubt. Die Kinder durften alles selbst entscheiden.«

Jule wird hellhörig. »So wie in dem Bilderbuch, aus dem du mir ganz früher mal vorgelesen hast?«

»Genau. Das weißt du noch?« Oma freut sich, dass Jule sich daran erinnert. »Das Buch gibt's übrigens immer noch«, fährt sie fort. »Es heißt: ›Der Tag, als Mama und Papa klitzeklein waren‹. Und das zweite heißt: ›Der Tag, als die Kinder keinen Quatsch mehr machten‹. Das war ein Wendebuch.«

»Oh, antiautoritär!«, sagt Jule entzückt. »Das könnten wir hier bei uns zu Hause auch mal eine Woche lang durchspielen, oder? Rollentausch finde ich immer gut.«

Oma wirft Jule einen skeptischen Blick zu. »Jule, mit dreizehn Jahren noch dieses Spiel? Das meinst du doch nicht im Ernst.« Unten an der Treppe angekommen, hält sie inne – und wird mit einem Mal recht nachdenklich. »Weißt du, Jule ... Als du noch klein warst, warst du fast zu gut für diese Welt. Du hast immer nachgegeben. Deine Eltern, die Erzieherinnen und die Lehrerinnen in der Grundschule mussten dich oft ermuntern: *Trau dich! Lass dir nicht alles gefallen! Entscheide dich! Sag' ehrlich, was du meinst.«*

Jule nickt. »Ich weiß. Diese Phase hat ziemlich lange gedauert. Aber es war ein tolles Gefühl, als ich mich in der fünften Klasse zum ersten Mal getraut habe, einer Lehrerin zu sagen, dass sie mir in einem Mathetest drei Punkte zu wenig gegeben hat.« Sie holt tief Luft. »Mann, hatte ich davor Herzklopfen.«

»Und von da an ging's bergauf? Na, werd mir in Zukunft nicht *zu* dreist!« Oma hebt lachend den pädagogischen Zeigefinger. »Du weißt, das kann ich nicht ab. *Ich* bin immer noch so zart besaitet.«

Jule grinst. »Aber – Gott sei Dank! – kein Loser, Omi.« Schnell verschwindet sie im Wohnzimmer.

Oma bleibt noch einen Moment lang verdutzt am Treppenabsatz stehen. *War das jetzt ein Kompliment – oder nicht?*, denkt sie.

HURRA, KEIN JUNGE!

Charleen hat Geburtstag. Heute wird sie zehn. Wie so oft an ihrem Geburtstag mitten im Juli scheint die Sonne und die Großeltern haben sich auf der Terrasse unter einem Sonnenschirm versammelt. Eine Erdbeertorte steht auf dem Tisch, dazu eine Platte mit Kokoskuchen und Muffins. Die großen Schwestern Jule und Luca haben sich einen Sonnenplatz ausgesucht und reihen sich gerne in die Runde ein.

Katja, Charleens Mutter, bringt gerade Kaffee und Tee heraus, als Opa meint: »Vor zehn Jahren – am Tag deiner Geburt, Charleen, ich habe das Bild noch genau vor Augen – da saßen wir hier nicht so gemütlich bei Kaffee und Kuchen. Wir haben voller Spannung gehorcht, ob das Telefon endlich klingelt.« Und mit einem Blick auf Charleens älteste Schwester fügt er an: »Und als es dann endlich klingelte, wollte Luca sofort den Hörer haben.«

»Typisch Luca«, meint Charleen spontan, »immer will sie die Erste sein, nur weil sie die Älteste ist.«

Luca horcht kurz auf, tippt dann aber weiter auf ihrem Smartphone herum. Wahrscheinlich kennt sie die Geschichte schon.

»Nein, nein, Charleen, hör doch erst mal zu!«, bremst Oma weitere Beschwerden über die große Schwester aus. »Du kannst nicht von heute auf damals schließen. Luca war ja erst fünf, fühlte sich durchaus schon etwas verantwortlich und ihre Fragen waren sehr berechtigt.«

Luca hört auf zu daddeln und blickt auf. »Was habe ich denn Schlaues gefragt?«

»Nun«, antwortet Oma, »was für dich wichtig war: *Ist es ein Junge?* lautete die erste Frage, und die zweite: *Geht es Mama gut?* Das war sehr einfühlsam von dir, dass du auch an Mama gedacht hast, Luca.«

»Hattet ihr euch etwa einen Jungen gewünscht?«, wendet sich Charleen ganz erstaunt an ihre Eltern.

»Na klar, nach zwei Mädchen«, meint Papa Martin trocken und lacht, weil Charleen so ein verdutztes Gesicht macht, als wenn sie sagen wollte: »Dann war ich wohl nicht willkommen?«

»Wir haben ja auch einen halben Jungen bekommen«, ergänzt Martin, »so einen *Charly*, der immer nur mit Jungs spielt.«

Charleen zieht eine Schnute, aber Katja entschärft schnell die Situation für das Geburtstagskind. »Charleen, für uns spielte das Geschlecht überhaupt keine Rolle. Und – zu deinem Trost – Luca und Jule haben sich wirklich während der ganzen Schwangerschaft immer nur eine Schwester gewünscht.« Katja stellt Charleen ein Glas mit Limonade hin. »So, jetzt musst du aber zuerst einmal die Kerzen auspusten, und wir wollen dir auch noch ein Ständchen bringen.«

Charleen holt tief Luft, beugt sich über den Kuchen und bläst mit einem Zug alle zehn Kerzen aus. Die Gäste klatschen und stimmen dann in das Geburtstagslied ein:

»Wie schön, dass du geboren bist, wir hätten dich sonst sehr vermisst ...«

Charleen hat inzwischen Papas Absicht, sie etwas zu foppen, durchschaut und wendet sich fragend an Oma: »Solltest du etwa auch ein Junge werden, Omi?« Sie weiß, dass Oma ebenfalls aus einem Dreimädelhaus stammt.

»Genau, ich sollte auch ein Junge werden«, erklärt Oma. »Auf einen Bauernhof, egal, ob es der eigene Besitz oder wie bei uns ein gepachteter Hof war, auf diesen Hof gehörte immer ein männlicher Erbe, weißt du. Dabei war ich nicht wie du das dritte, sondern das zweite Mädchen.«

»Also waren deine Eltern enttäuscht, dass du auch *nur* ein Mädchen warst?«

Oma schüttelt den Kopf. »Ich glaube nicht. Letztendlich waren sie – so glaube ich – überhaupt froh, dass ich lebte und die Geburt überstanden hatte.«

Jule nimmt sich ein Stück Erdbeertorte. »Omi, das klingt ja sehr dramatisch, davon hast du mir auch noch nichts erzählt«, sagt sie mit einem schelmischen Unterton. »Also, was ist mit dieser Story? Ähm – du warst doch selbst dabei.« Sie lacht. »Hast du die Story noch parat?«

Oma lacht ebenfalls. »Na, du wirst staunen, Jule. Ich kenne alle Einzelheiten meiner Geburt, denn meine Mutter erzählte sie jedes Mal, solange sie lebte, an jedem neuen Geburtstag. Das war wie ein Ritual, es gehörte einfach dazu. Ich bin ja kurz vor Weihnachten zur Welt gekommen, aber erwartet hatte man mich erst im Januar, also einen ganzen Monat später.«

»So, so. Ein Frühchen?«, fragt Charleen neugierig. Mit dieser Materie kennt sie sich bestens aus, denn Mama ist gelernte Kinderkrankenschwester.

Oma schmunzelt. »Nein, keineswegs, Charleen. Meine Eltern hatten sich einfach nur verrechnet.«

Jule wundert sich. »Mensch, das gibt's doch gar nicht! Eine Schwangerschaft dauert neun Monate, das haben wir schon im vierten Schuljahr gelernt. Außerdem kann der Frauenarzt per Ultraschall ziemlich genau voraussagen, wann das Baby frühestens kommen kann, also ausgewachsen ist –«

»– mit dem Unterschied, dass es damals keine speziellen Frauenärzte und keine Ultraschalluntersuchungen gab«, wirft Oma ein. »Wenn eine Frau schwanger war, hat sie früher oder später nur Kontakt mit einer Hebamme aufgenommen. Eine regelmäßige Kontrolle erfolgte nicht. Deshalb war damals die Kindersterblichkeit auch höher als heute.«

Jule runzelt die Stirn, dann wendet sie sich an ihre Mutter. »Aber Mama, du hast doch mal erwähnt, dass heute die Erstgebärenden viel älter sind als früher – was auch nicht ungefährlich ist.«

Katja nickt.

»So genau will ich das alles gar nicht wissen«, meint Charleen. »Möchtest du auch ein Stück Erdbeertorte, Omi? Ja? Warte!« Sie schiebt den Tortenheber unter den Kuchen und legt Oma vorsichtig ein Stück auf den Teller.

»Also, wie geht jetzt deine Story?«, hakt Jule nach.

»Na gut«, sagt Oma und macht es sich auf ihrem Stuhl bequem, »ich fang mit meiner Geschichte einmal ganz von vorne an. Stellt euch Folgendes vor ... Vater und Mutter fahren nach Cloppenburg – hin und zurück waren das etwa achtzehn Kilometer. Sie suchen nach einem preiswerten Fahrrad. Das soll ein Weihnachtsgeschenk für meine Tante werden, die mit auf dem Hof arbeitet. Es dämmert schon, als sie auf dem Heimweg sind. Vater führt das neue Rad mit der rechten Hand neben sich her, während er mit der linken sein eigenes Rad steuert.«

»Ein Fahrer lenkt zwei Fahrräder? Ist das denn erlaubt?«, fragt Charleen.

»Das sah man damals häufiger, darum hat sich die Polizei nicht geschert«, erklärt Oma. »Auf jeden Fall fällt Mutter das Radfahren schon sehr schwer. Sie muss hin und wieder absteigen und schieben und bleibt etwas hinter Vater zurück. Da dreht er sich um und ruft Mutter zu: *Ich fahre schon die letzten Kilometer schnell vor, damit das Vieh nicht warten muss. Es wird höchste Zeit mit dem Füttern.* Mutter kann nur nicken und muss bald darauf schon wieder absteigen.«

»Oma, sag bloß nicht, dass die Geburt da schon los ging und du praktisch auf der Straße zur Welt kamst«, unterbricht Charleen und vergisst, in ihren Muffin zu beißen. Sie liebt die absolute Sicherheit und hält nichts von dramatischen Ereignissen mit ungewissem Ausgang.

»Keine Sorge, Charleen«, beruhigt sie Oma. »Bis zum Hof haben Mutter und ich es noch geschafft, aber dann setzten die ersten Wehen ein. Ein Telefon hatten wir ja nicht und die Zeit, mit der Kutsche des Nachbarn zum Krankenhaus zu fahren, blieb auch nicht mehr. Vater war also völlig ratlos. Was sollte er nur tun? Weder er noch meine Tante – die gerade mal zwanzig Jahre alt war – hatten eine Ahnung von Geburtshilfe. Vater war bei der Geburt meiner ältesten Schwester Irmgard im Krankenhaus in Cloppenburg natürlich nicht dabei gewesen. Das war damals nicht üblich, also war er völlig aus den Fugen. Und inzwischen kamen die Wehen in immer kürzeren Abständen.« Oma hält kurz inne.

»Ich wollte wohl mit Gewalt schnell auf die Welt«, fügt sie schließlich hinzu. *Da kann nur Möllers Mutter helfen*, entschied Vater um elf Uhr nachts endlich. Er nahm die Petroleumlampe in die Hand, hastete über den gefrorenen Acker und kroch unter einem Stacheldraht her, um den Weg abzukürzen. Dann musste er noch eine Weide überqueren, um endlich das Wohnhaus von Möllers zu erreichen.

Ganz außer Atem klopft er an das Schlafzimmerfenster. *Aufwachen, aufwachen, hier ist Heini. Anna, du musst sofort mitkommen! Es ist so weit. Anna! Anna!*

Es dauerte für Vater sicher eine Ewigkeit, bis das Ehepaar wach wurde und Anna begriffen hatte, wer vor dem Fenster stand und um Hilfe bat.

Mann, ruhig, Heini, ganz ruhig, Heini, kam eine verschlafene Stimme zurück. *Das kriegen wir schon hin. Moment! Ich komme sofort.*

Schon bald erschien Anna in der Haustür. Der lange Zopf, der sonst über Tag zum Knoten gebunden war, fiel hinten über den Kragen ihres Wintermantels. Den Mantel hatte sie in der Eile vom Haken geschnappt, weil sie kein Licht machen wollte. Zwei ihrer sieben Kinder schliefen nämlich mit im Elternschlafzimmer. Vater und Anna erreichten unser Haus keinen Augenblick zu spät, denn ich hatte gerade das Licht der Welt mit einem kräftigen Schrei begrüßt!«

»Ja, ja, Oma war schon von Geburt an etwas voreilig und sie wusste immer, was sie wollte«, meint Opa etwas ironisch und leicht genervt. »Können wir jetzt einmal das Thema wechseln?«

Alle schauen Opa erstaunt an. Normalerweise macht Opa immer Scherze, aber Omas Erzählung hat wohl etwas in ihm aufgerührt. Wahrscheinlich hat es mit Martin zu tun. Opa erinnert sich ungern an die Geburt seines zweiten Sohnes, der auch so schnell auf die Welt wollte – und er kam im Krankenhaus in Emstek zur Welt, unter anderem mit Opas Hilfe.

Jule hat sich offenbar dazu entschieden, Opas Einwand zu ignorieren. Sie will noch etwas anderes wissen. »Eins interessiert mich noch, Oma«, meint sie. »Im Krankenhaus wird ja viel Wert auf Sauberkeit und Hygiene gelegt, damit das Baby sich nicht ansteckt – Bakterien und so weiter. Bei einer Hausgeburt auf einem Bauernhof herrschten sicher nicht gerade ideale Bedingungen, oder?«

Oma nickt. »Da hast du Recht, Jule. Mutter erzählte immer, dass ihr die äußeren Umstände sehr peinlich gewesen seien, weil in unserem Haus gerade so ein großes Chaos geherrscht habe. Sie hätte sich vor der Nachbarin und der Hebamme, die dann am nächsten Tag kam, doch etwas geschämt.«

»Was für ein Chaos?«, fragt Jule.

»Nun, wie schon erwähnt, wurde ich ja erst im Januar erwartet. Meine Eltern hatten kurz vor Weihnachten noch ein Schwein geschlachtet und noch nicht alles verwurstet. Dann hing außerdem im Wohnzimmer auf den Stühlen die Wäsche zum Trocknen aus – die letzte große Wäsche vor Weihnachten. Und auf dem Hof sah es auch nicht ordentlich aus, weil in derselben Woche die große Dreschmaschine zum Dreschen da gewesen war. Der ganze Hof war mit Stroh übersät. All das ärgerte Mutter sehr, denn sie war sehr genau und sehr ordnungsliebend.«

»Aber diese schöne Eigenschaft hat Oma Maria leider nicht geerbt«, fügt Opa schmunzelnd hinzu. Offenbar gefällt ihm dieser Teil der Erzählung wieder besser. »Oma Maria wurde in dieses Chaos hineingeboren ... und daran hat sich bis heute nicht viel geändert. Darum muss sie auch manchmal viel Zeit mit Suchen verbringen, ganz zu schweigen von der unübersichtlichen Fülle von Büchern und dem ganzen anderen Krempel in ihrem Arbeitszimmer.«

Alle lachen. Oma zunächst auch. Ihre angebliche Unordnung ist Opas Lieblingsthema – seit fünfzig Jahren. Aber heute will Oma Opas Seitenhieb nicht einfach so stehen lassen. »Kreative Menschen haben kein Chaos, sie haben nur überall Ideen herumliegen«, kontert sie schlagfertig.

»Jule, um deine Frage zu beantworten«, lenkt Katja das Gespräch wieder in andere Bahnen. »Babys sind sehr widerstandsfähig – vorausgesetzt, die Schwangerschaft verläuft normal. Ich hätte mir bei euch auch eine Hausgeburt vorstellen können.«

»Nee, nee, Mama«, winkt Charleen schnell ab, »ich bin froh, dass ich im Krankenhaus zur Welt gekommen bin. Das war doch wohl sicherer.« Sie richtet entgeistert ihren Blick auf den Tisch und schaut dann empört zu Jule hinüber. »Stopp, wo willst du denn mit zwei Stück Erdbeertorte hin, Jule? Das ist *meine* Geburtstagstorte. Die habe *ich* mir gewünscht. Dann bleibt ja nicht mehr viel ...«

»Wieso?«, kontert Jule. »Ich war doch eingeladen, oder nicht? Und ist nicht der Gast immer der König?«

Charleen denkt nach. »Ja, schon. Aber du bist doch kein Junge, oder?«

»Natürlich nicht. Wieso das denn?«

»Na, dann bist du auch kein König, sondern eine Königin. Und für eine Königin geziemt es sich nicht, so viel Erdbeerkuchen zu futtern.«

Jule ist ziemlich baff. Charleen hingegen hat die Lacher auf ihrer Seite.

»*Geziemt?*«, fragt Papa Martin nach. »Wo hast du das Verb denn aufgeschnappt?

»Ich gucke Star Wars, Papa«, sagt Charleen selbstbewusst. »Das solltet ihr auch mal tun.«

MEISTER ADEBAR IN GEFAHR

Jule hat bei Oma und Opa übernachtet. Sie hat lange geschlafen und sitzt jetzt am Frühstückstisch, auf dem noch ihr Gedeck steht. Oma und Opa haben ihr Frühstück schon vor einer Stunde beendet. Die fahle Wintersonne wirft ein paar Strahlen auf den Küchentisch. Es ist Samstagmorgen und Opa blättert in der dicken Wochenendzeitung, die er noch nicht ausgelesen hat.

»Hier steht, dass die Störche schon da sind. Das ist aber viel zu früh für diese Jahreszeit. Wir schreiben doch erst den 24. Februar!«

»Echt? Störche?«, fragt Jule und nimmt sich das Käsebrötchen, das noch übrig ist.

»Kein Nutella?«, fragt Oma.

»Nein, ich mag es lieber so, ohne alles.« Jule beißt in das Brötchen. »Bei uns hab ich noch keine Störche gesehen. Aber wir haben auch noch keine Radtour zum Dümmer gemacht, war zu kalt. Können die denn überhaupt jetzt schon überleben, Opa?«

Opa ist ein großer Vogelfreund und gibt gerne Auskunft.

»Klar, sie brüten sicher nicht sofort. Nahrung im Moor und in den überfluteten Feuchtwiesen werden sie immer finden. Wahrscheinlich sind sie vom Flug noch so erschöpft, dass sie zuerst mal selbst zu Kräften kommen müssen. Am Dümmer finden sie genug kleines Getier, bevor sie mit dem Brüten beginnen werden. Wenn die Bauern anfangen zu pflügen, sieht man sie hinter dem Traktor herschreiten – auf der Suche nach Regenwürmern und Insekten.«

Jule steht auf, holt sich die Milch aus dem Kühlschrank und verspeist den Rest des Brötchens.

»Störche und Seeadler sind meine Lieblingsvögel«, verkündet sie. »Und deine, Opa?

Opa schweigt und schaut Jule abwartend an.

»Ah, ich erinnere mich, warte ...« Jule denkt nach. »Vor drei Jahren habe ich dir doch etwas zum Geburtstag gemalt. Das waren ein Eisvogel und ein Pirol, oder?«

Opa nickt.

Mit einem schelmischen Blick auf Jule bindet Oma sich mit in das Gespräch ein. »Früher gab es viel mehr Störche ...«, erklärt sie. »Außerdem war der Storch aus einem anderen Grund sehr hoch angesehen, das heißt, man freute sich, wenn man ihn sah.«

Jule ist etwas irritiert. »Hä? Warum das denn? Es gab ja anscheinend genug Störche, oder?«

Schmunzelnd sagt Oma ihren Spruch auf:

»*Storch, Storch Langbein,*
bring mir doch ein Brüderlein.
Storch, Storch, bester,
bring mir 'ne kleine Schwester!«

Oma mustert ihre Enkelin. »Ein frommer Wunsch, nicht wahr, Jule?«

Jule lacht. »Und an diese Märchen habt ihr früher geglaubt? Gib's zu, Oma!«

Oma nickt. »Ja, und das noch ziemlich lange.«

»Der helle Wahnsinn. Ich glaub's nicht.«

»Na ja«, fährt Oma fort, »wenn ich mir den Storch so vorstelle – mit dem langen roten Schnabel, dem kräftigen Körper und den mächtigen Schwingen, dann kann ich mir schon denken, dass er mit seinem Schnabel ein Baby transportieren kann. Aber im Ernst – auf vielen Glückwunschkarten ist er doch auch heute noch als Glücksbringer, als Babybringer abgebildet.«

Jule lässt dieses Argument nicht gelten. »Oma, eigentlich hättet ihr logischerweise weiterdenken müssen, zum Beispiel: *Wo holt der Storch die Babys her? Von Lidl? Oder bestellt er sie gleich dutzendweise bei Amazon?*«

Opa bekommt einen Lachanfall. »Typisch, Jule! Kein Kommentar.«

Jule fährt selbstbewusst fort. »Wir sind darüber im vierten Schuljahr im Sexualkundeunterricht aufgeklärt worden. Sogar einen Test haben wir darüber geschrieben. Außerdem wusste ich das meiste schon. Hab ich von Mama erfahren.« Sie schaut sich um. »Irgendwie hab ich heute 'nen Riesenhunger. Oma, kann ich noch zwei Toastbrote haben?«

Oma nickt, bleibt aber beim Thema. »Etwas kann ich doch ergänzen, was du sicher nicht weißt, Jule. Es ist ein Überbleibsel von dieser Legende mit dem Storch. Ein Großteil der Babys hat nämlich nach der Geburt rote Flecken im Nacken, die ›Storchenbiss‹ genannt werden, so, als hätte der Storch genau an dieser Stelle das Kind mit dem Schnabel gepackt.«

»Und? Ist das eine Hautkrankheit? Hatte ich auch einen Storchenbiss?«

»Da müsstest du deine Mutter fragen. Die Rötung ist aber völlig harmlos und verschwindet meist im ersten Lebensjahr, da kann ich dich beruhigen. Ich will nur sagen – Gott sei Dank – werden die Kinder heute viel früher aufgeklärt. Noch besser finde ich es, wenn die Eltern selbst mit den Kindern über dieses Thema sprechen und die richtigen Begriffe verwenden ... und nicht diese schäbigen Ausdrücke von der Straße oder aus dem Fernsehen.«

Jule wendet den Großeltern gerade den Rücken zu, weil sie die beiden gerösteten Toastbrote aus dem Toaster zieht. Sie dreht sich um und meint ganz cool: »Weißt du, Oma, in der Schule ist dieses Thema immer dran. Der geht mit der, die steht auf den, und so weiter ...«

Opa schaut Jule amüsiert an. »Du bist der Ansicht, dass wir dieses Thema noch vertiefen sollten?«

Sofort schüttelt Jule energisch den Kopf und setzt sich wieder an den Tisch. Darüber will sie mit ihren Großeltern heute bestimmt nicht sprechen. Opa grinst. Er hat auch nichts anderes erwartet.

»Wie waren wir denn überhaupt auf dieses brisante Thema gekommen?«, meint Oma.

»Durch Meister Adebar, den Storch«, sagt Opa.

»Warte, noch eine ungefährliche Frage, Opa. Gab es früher in unserer Gegend wirklich mehr Störche?«

Opa nickt. »Mit Sicherheit! Die Störche waren zum einen nicht so vielen Gefahren auf dem Rückflug aus dem Süden ausgesetzt: Dürre, wenig Feuchtgebiete, Strommasten, Windräder. Zum anderen fanden sie hier bei uns reichlich Nahrung, weil die Äcker nicht mit Monokulturen bewirtschaftet wurden.«

»Monokulturen? Wie muss ich mir das vorstellen?« Jule bestreicht gerade ihre Toastbrote mit Nutella. Die will sie nun doch nicht ohne Belag verzehren.

Opa fährt fort. »Wenn du mit dem Rad zum Dümmer fährst, was siehst du dann links oder rechts des Weges? Na?«

»Mais oder Getreide.«

»Genau, selbst im Moor wird auf den ehemaligen Weiden und Wiesen Mais angebaut.«

»Und früher?«

»Früher gab es weitaus mehr Wiesen und Weiden. Pass auf, ich will es dir vereinfacht erklären: Da die Bauern Pferde, Schweine, Ferkel, Kühe, Kälber, Hühner oder auch noch Schafe hielten, wurde auch viel mehr Grasland benötigt. Das Vieh brauchte ein vielfältiges Nahrungsangebot, das meist aus eigenem Anbau stammte.«

»Was wird denn zum Beispiel heute nicht mehr angebaut, was die Tiere damals brauchten?«, will Jule wissen.

»Zum Beispiel Rüben – davon habe ich dir ja schon einmal erzählt. Aber auch Kohl und Getreide verschiedener Sorten: Hafer, Roggen und Weizen. Dazu Kartoffeln – nicht so riesige Pommes-Kartoffelfelder wie heute, eben von allem etwas. Das war ganz schön vielseitig und brachte für alle auf dem Bauernhof zu jeder Jahreszeit genügend Arbeit.« Opa seufzt. »Zu jeder Jahreszeit einen Haufen Arbeit, leider!« Er erinnert sich wohl daran, dass er ohne Rücksicht auf die Schularbeiten immer nachmittags mit aufs Feld musste.

Jule hat ihr Frühstück beendet, Opas Zeitung in die Hand genommen und betrachtet die abgebildeten Störche eingehend.

»Opa, in meiner TIERFREUND-Zeitschrift habe ich einmal gelesen, dass ein Storch täglich mindestens ein Pfund Mäuse oder Regenwürmer zum Fressen braucht – also nur für sich selber, und dann noch die Jungen füttern? Arme Störche! Ah, da fällt mir gerade noch was ein.« Sie wendet sich an Oma. »Ich hab noch was Interessantes gelesen. Als es einmal ganz lange geregnet hat, sind die Jungstörche, die noch nicht fliegen konnten, auf einem Horst verendet. Was meinst du wohl, warum, Frau Lehrerin?« Jule legt den Finger an die Lippen. »Opa, du sagst jetzt mal nichts …! Also, Oma?«

Dieses Spiel spielt Jule gerne mit Oma.

Oma nimmt sich Zeit und denkt einen Augenblick nach. »Sind die Jungstörche etwa verhungert? Nein, das kann ja nicht …« Oma überlegt weiter. »Es gab bei Regen sicher genug Nahrung … haben die kleinen Störche sich vielleicht erkältet?«

»Bingo, Oma, so ähnlich! Die Störche hatten zum Nestbau Plastik zusammengesucht, das liegt ja überall rum, besonders auch an den Rändern der Äcker. Auf dem Plastikboden hat sich dann das Regenwasser gestaut und so konnten die kleinen Störche nicht überleben. Gemein, nicht?«

Oma nickt nachdenklich. »Ja, die Umweltverschmutzung mit Plastik kann schon schlimme Folgen haben. Aber um noch einmal auf den Anfang unseres Gesprächs zurückzukommen, Jule – ich meine jetzt die Ankunftszeit des Storches. Da kann ich dir auch noch von einem kleinen Ritual aus meiner Kindheit berichten.«

Jule wird neugierig und blickt Oma erwartungsvoll an.

»Also, stell dir mal folgendes Bild vor: Als wir klein waren, haben wir oft den ganzen Morgen im frischen Gras am Ackerrand gesessen und ... nach einem Storch Ausschau gehalten.«

Jule ist verdutzt, spielt aber gerne mit. »Ich stell mir das gerade vor. Drei kleine Mädchen sitzen im Gras und halten die Nase in die Luft. Schönes Bild ... Aber warum? Nur, um endlich mal einen Storch zu sehen?«

»Nein, um den allerersten Storch zu sehen«, erklärt Oma. »Dann konnten wir Mama stolz verkünden: *Juchhu, wir haben einen Storch gesehen!* Das bedeutete nämlich: Socken und Holzschuhe in die Ecke werfen und endlich barfuß laufen. Der Storch hat den Sommer eingeläutet.«

Jule runzelt die Stirn. »Waren die Störche früher anders gepolt als heute?«

»Wie meinst du das?«

»Wahrscheinlich war es doch schon Mai oder Juni, als ihr eure Session auf der Wiese im Gras hattet.«

»Du hast mal wieder Recht, du schlaues Kind! Man durfte nämlich nur in den Monaten ohne den Buchstaben *r* auf dem Boden sitzen. Das war ein ungeschriebenes Gesetz.«

Jule überprüft flüsternd die Monatsnamen. »... April, nein. Mai, Juni, Juli, August ... nicht gerade lange. Auch kein Verlass mehr auf die Jahreszeiten. Manchmal gibt's im März oder April schon ganz heiße Tage.« Sie faltet die Zeitung zusammen und gibt sie Opa zurück. Dann schaut sie auf das Thermometer an der Küchenwand, das auch die Außentemperatur anzeigt. »Heute nur fünf Grad, Oma.«

Oma scheint zu überlegen. »Sollte ich heute noch einen Storch sehen, kann ich höchstens barfuß ins Bett gehen. Aber ich glaube, ohne meine Angora-Socken werde ich wieder einmal nicht warm werden.«

»Kein Kommentar«, meint Opa.

DICKE LUFT IN DER SCHULE

Heute ist der achte Februar. Vor dem Fenster hängen Eiszapfen. Draußen, unter dem schweren, bleifarbenen Himmel ist es düster, aber in Omas Küche brennt ein helles Licht. Das ist auch richtig so, denn Oma und Jule backen Kuchen, das heißt – eigentlich managt Jule mit ihren dreizehn Jahren mittlerweile alles allein.

Kuchen backen ist neuerdings eine ihrer Lieblingsbeschäftigungen. Es soll ein Käsekuchen zu Opas Geburtstag werden. Die Zutaten hat sie bereits auf der Arbeitsplatte zusammengestellt: Quark, Eier, Zucker, Zitronensaft, Margarine, Milch, Grieß und Vanillezucker.

»Alles paletti, schau mal, Omi! Oder hab ich noch etwas vergessen?« Jule überfliegt schnell das Rezept. »Klar, eine Kleinigkeit fehlt ... eigentlich das Wichtigste: Backpulver!« Sie lächelt in sich hinein und schüttelt den Kopf.

Oma sitzt am Küchentisch und blättert in der Zeitung. Das Radio dudelt wie immer vor sich hin.

Plötzlich lässt Jule das Rezept fallen, springt zum Radio und dreht den Ton auf volle Lautstärke.

Oma erschrickt.

»Entschuldige, Oma, aber da war irgendetwas im Radio von wegen ›Schulausfall aufgrund einer kaputten Heizung‹. Wo, das habe ich leider nicht mehr mitgekriegt.« Sie dreht das Radio wieder leiser.

»Du kannst wohl drei Sachen gleichzeitig«, meint Oma erstaunt. »Dich auf die Zutaten konzentrieren, mit mir sprechen und Radio hören.«

»Alles Übung«, grinst Jule. »Multitasking‹ nennt man das heutzutage.« Dann flüstert sie ganz theatralisch vor sich hin. »Lieber Gott, lass das mit der kaputten Heizung bei uns in Damme sein! Dann schreiben wir morgen keinen Vokabeltest. Ich hab nämlich noch nichts gelernt, bitte, bitte!«

Oma hat Spaß. »Da müssen wir wohl eine halbe Stunde warten, bis die nächste Durchsage kommt. Vielleicht wird dein Gebet dann erhört.«

»Okay, Oma.« Jule verrührt die Margarine mit den Eiern und dem Zucker zu einem glatten Teig. »Omi, hast du zum Thema Heizung nicht noch 'ne Story auf Lager? Dann vergeht die Zeit schneller ...«

Oma lässt die Zeitung sinken. »Da muss ich scharf nachdenken. Also ... defekte Heizung?« Sie lässt sich Zeit. »Ja«, beginnt sie schließlich, »als ich in der Grundschule war, da konnte die Heizung gar nicht ausfallen ...«

»... weil es noch keine Öl- oder Gasheizung gab«, ergänzt Jule.

»Genau. Sondern einen –?«

»– Ofen.« Jule spielt das Frage- und Antwortspiel perfekt mit.

»Genauso war es.« Oma nickt. »Hinten in der Klasse stand ein großer, gusseiserner Ofen, der mit Torf befeuert wurde.«

Jule überlegt. »Hört sich nach einem ziemlichen Ungetüm an. Wahrscheinlich musste der schon früh am Morgen angemacht werden, damit es überhaupt warm wurde.«

Oma nickt.

»Hat das der Hausmeister erledigt? Ach nee, den gab's bei euch vermutlich gar nicht ...«

»Da hast du Recht. Nein, das machte entweder der Hauptlehrer selbst – oder seine Frau.«

»Und während der Unterrichtszeit?«, forscht Jule weiter nach. »Da musste doch bestimmt nachgelegt werden, oder etwa nicht?«

Oma nickt. »Das war die Aufgabe einiger auserwählter Jungen aus dem achten Schuljahr. Die machten das gerne und hielten sich meistens etwas länger als notwendig draußen im Torfstall auf - bis der Lehrer wütend an die Fensterscheibe klopfte und ihnen mit dem Finger drohte.«

»Dann war das wohl eine Ehre, was?« Jule hantiert mit dem Mixer herum. »Warte, jetzt mach ich eben mal wieder Krach.« Jule gibt den Quark zur Teigmasse, verrührt alle Zutaten und stellt den Mixer wieder ab.

»Klar, das war immer eine Ehre«, fährt Oma fort, »wenn man etwas für den Lehrer erledigen durfte und so unterrichtsfreie Zeit hatte.« Sie legt die Zeitung beiseite. »Pass auf! Etwas anderes wird dich noch interessieren: Bei Engpässen in der Versorgung, wenn kein Torf angeliefert worden war, mussten wir Schüler – außer den Flüchtlingskindern – jeden Tag wenigstens ein Stück Torf mitbringen, wenn wir nicht in der Eiseskälte frieren wollten. Nun kam es nicht selten vor, dass die Heizer – eben die kräftigen Schüler aus der Abschlussklasse – wütend auf den Hauptlehrer waren, weil er ihnen schon am Morgen Ohrfeigen wegen mangelhafter Hausaufgaben verpasst hatte. Meistens drehte es sich um das Auswendiglernen von Bibeltexten oder Katechismusfragen ...«

»Katechismusfragen?« Jule lässt vom Mixer ab und wendet sich Oma zu. »Aha, warte – da stehen Glaubensfragen drin, nicht wahr? Ich kenne eigentlich die Bibel besser, vor allen Dingen das Neue Testament.«

»Im Katechismus standen Fragen und Antworten zum christlichen Glauben, die wir wortwörtlich auswendig lernen mussten«, erklärt Oma.

Jule runzelt die Stirn. »Man lernt auswendig, was man glauben soll? Das stell ich mir echt schwierig vor. Erinnerst du dich noch an eine der Fragen?«

»Klar. Aber nur an die erste.«

»Und wie lautete die?«

Oma holt tief Luft: »Also:

Frage: *Wozu sind wir auf Erden?*

Antwort: *Wir sind dazu auf Erden, um den Willen Gottes zu erfüllen und dadurch in den Himmel zu kommen.*«

Jule denkt nach. »Dazu fällt mir gleich eine Frage ein. Wusstest du denn damals schon, was der Wille Gottes war? Oder wo oder wie der Himmel ist?«

Oma schüttelt den Kopf. »Nein, Jule, das weiß ich auch heute noch nicht. Diese Frage muss ich mir jeden Tag aufs Neue stellen. Damals habe ich den Text nicht hinterfragt, obwohl er vieles offen ließ. Aber an eines erinnere ich mich ganz genau: Die großen Jungs verbreiteten auf dem Schulhof zu dieser Frage folgende Antwort: *Wir sind dazu auf Erden, um dick und fett zu werden.*«

Jule grinst. »Krass! Also haben selbst die Großen nix kapiert?«

Oma nickt. »Genau! Einmal müssen sie wohl wegen der Prügel sogar total sauer gewesen sein – und da haben sie einen Racheplan geschmiedet. Pass auf! Die Jungs kamen wie immer nach der Pause mit dem vollen Korb herein, stellten ihn ab und legten ordentlich Torf nach. Aber was geschah dann? Oh, Schreck! Der Ofen fing mächtig an zu qualmen. Im Nu war der ganze Schulraum mit dickem Rauch vernebelt. Wir Kinder husteten und spuckten. Und ein Mädchen bekam sogar einen Erstickungsanfall. *Alle raus hier*, schrie der Lehrer in Panik, *sofort ab nach draußen!* Da standen wir nun draußen zitternd in der Kälte, die Mäntel hatten wir in der Eile komplett vergessen. *Würde das ganze Gebäude abbrennen*, fragten wir uns, *mit all unseren teuren Schulsachen und den kostbaren Wintermänteln?* Nach einer gefühlten Ewigkeit durften wir wieder ins Warme. Das Klassenzimmer war gelüftet worden und der Ofen brannte wieder normal. Aber wo waren die Heizer geblieben? Sie warteten draußen auf dem kalten Flur. Nachdem der Hauptlehrer alle Schüler mit Stillarbeit versorgt hatte, nahm er den Stock vom Pult und marschierte mit hochrotem Kopf aus dem Schulzimmer. Die Tür ließ er offen. *Wer, zum Teufel, hat in der Pause das Ofenrohr mit einem Lappen verstopft? Alfons? Oder du, Herbert?* Die Antwort schien er gar nicht erst abzuwarten. *Ihr alten Straßenrüpel, das sollt ihr mir büßen!* In der Klasse wurde es mucksmäuschenstill. Alle hielten den Atem an. Schon sauste der Stock nieder. Man hörte Geschrei und Gepolter und es dauerte eine Ewigkeit, bis sich die Wut des Lehrers gelegt hatte. Endlich kam er wieder herein, knallte den Stock auf das Pult und richtete sich dann mit scharfem Ton an uns: *Mund zu! Weitermachen!* Die hart bestraften Heizer lehnten in der nächsten Pause noch etwas wackelig an der Schulmauer, sie waren wohl ziemlich benommen, aber immerhin die Helden des Tages. Und du kannst davon ausgehen, dass mittags das ganze Dorf über die ›dicke Luft‹ in der Schule Bescheid wusste.«

»Hat der Lehrer die Jungs wirklich so doll mit mehreren Stockschlägen vermöbelt?«

»Oh ja, das hat er. Wir haben leise mitgezählt: *eins, zwei, drei* und dann wieder: *eins, zwei, drei* ... Ich könnte mir vorstellen, dass sich am Ende doch einer der Väter über die knüppelharte Bestrafung beschwert hat. Auf jeden Fall durften Alfons und Herbert am nächsten Tag den Pottgarten, das heißt den Gemüsegarten der Lehrersfrau, umgraben und brauchten nicht zu lernen. Vielleicht hätten sie auch gar nicht auf ihren arg zugerichteten Hintern sitzen können. Das vermute ich einmal. Sie erzählten jedenfalls mittags stolz, dass sie zum Frühstück Caro-Kaffee und

Marmeladenbrot serviert bekommen hätten – von der Frau des Lehrers höchstpersönlich! Und mit viel freundlichem Zuspruch. *Wenn der Alte nur nicht immer sofort so fuchsteufelswild würde! Na ja, gelohnt hat's sich auf jeden Fall*, so lautete ihr Kommentar.«

Jule vermengt jetzt noch das Backpulver mit dem Teig und fettet dann die Springform ein. »Oma, einiges versteh' ich dabei nicht«, sagt sie, während sie den Backofen anstellt. »Haben damals Schüler öfter was für die Lehrer erledigt?«

»Wie gesagt, im Garten, ja. Aber auch kleinere Einkäufe im nahegelegenen Geschäft, wenn die Frau des Lehrers es mit dem Kochen sehr eilig hatte.«

»Und jeder Lehrer hatte seinen eigenen Gemüsegarten?«

»Jawohl. Lehrer auf dem Dorf hatten immer einen Gemüsegarten und hielten sich sogar oft ein Schwein«, fährt Oma fort. »Außerdem hatte unser Hauptlehrer fünf Kinder. Und im Vergleich zu heute ein sehr geringes Gehalt. An die Schweine wurden alle Essensreste, Gemüse und Kartoffeln verfüttert. Fast alles vom Schwein konnte später beim Schlachten verwertet werden.«

»Auch die Pfötchen und der Schwanz? Igitt, igitt!« Jule schüttelt sich.

»Für manche Leute waren das Delikatessen.«

Die Tür fliegt auf und Opa kommt herein. Seine Nase ist rot angelaufen, denn er hat gerade die Zufahrt vor der Garage vom Schnee freigeschaufelt.

»Wovon sprecht ihr da?«, fragt er neugierig und reibt sich die Hände. »Von Pfötchen und Schweineschwänzen? Hmm, lecker – hab ich ewig nicht mehr gegessen. Die kauft Oma ja nie ...«

»Das ist echt eklig, Opa«, sagt Jule. Dann springt sie wieder zum Radio. »Warte, Oma – jetzt nicht wieder erschrecken.« Sie dreht das Radio lauter.

»Und hier noch eine Meldung für die Ratsschule in Melle. Wegen einer defekten Heizung fällt morgen der Unterricht aus ...«

Enttäuscht dreht Jule das Radio leiser. »Mist, Melle ... warum nicht Damme? Na ja, so viele Vokabeln sind es ja nicht. Ich hab sie ja auch schon zweimal durchgelesen.«

BONBONS MIT MÄUSEDRECKGESCHMACK

Charleen hat auf dem großen Wohnzimmertisch ihre Schulhefte ausgebreitet. Sie hat das Blumengesteck beiseitegeschoben, den Tischläufer heruntergenommen und über einen Stuhl gehängt. Heute macht sie ihre Hausarbeiten bei Oma und freut sich, wenn sie dabei Gesellschaft hat.

»Nur noch Reli durchlesen, dann bin ich fertig«, ruft sie zu Oma hinüber, die in der Küche mit der Bügelwäsche beschäftigt ist. Die Tür steht offen, sodass Charleen Oma im Blick hat.

Oma bügelt gerade Opas Hemden. »*Am Aschermittwoch ist alles vorbei ...*«, summt sie vor sich hin.

»Oma, du singst? Das hört man aber selten von dir.«

»Ja, stimmt! Aber beim Bügeln singe ich immer.«

»Und welcher Hit war das eben?« Charleen klappt das Relibuch zu und kommt in die Küche.

»Das ist ein uralter Schlager.« Oma fängt noch einmal von vorne an. »*Am Aschermittwoch ist alles vorbei, die Schwüre von Treue, sie brechen entzwei ...*«

»Aschermittwoch, klaro, das ist heute. Hatten wir auch in Reli. Dabei war das Thema in der Grundschule schon jedes Jahr dran.« Charleen lässt sich auf den Küchenstuhl fallen. »Jedes Jahr, Oma!«, wiederholt sie gelangweilt. »Echt ätzend! Ich hasse das, wenn immer wieder dasselbe durchgekaut wird. Sachen, die man schon x-mal gehört hat.«

»Ging es auch um Vorsätze für die Fastenzeit?«, fragt Oma.

»Um was denn sonst?«

»Und was hast du dir vorgenommen? Schon eine Idee?«

Charleen zuckt die Achseln. »Ich weiß nicht ... zuerst wollte ich ›weniger mit dem Handy spielen‹ nehmen. Aber das schaffe ich eh nicht. Unsere Lehrerin hat uns geraten, lieber einen Vorsatz zu fassen, den man auch schaffen kann.«

»Und was nimmst du jetzt?«

»Vielleicht öfter mit Fibi und Sally Gassi gehen, dann kann Jule auch nicht mehr meckern und behaupten, dass ich mich nicht um die Tiere kümmere.«

»Also gleich zwei Fliegen mit einer Klappe schlagen, nicht wahr?« Oma hängt ein gebügeltes Hemd vorsichtig auf.

»Oma, glaub mir, das ist echt nicht wahr, was Jule da neuerdings ständig behauptet!«, beschwert sich Charleen lautstark. »Ich versorge auch die Kaninchen, Meerschweinchen und Hühner, wenn Luca nicht da ist!«

Die Versorgung des Mini-Zoos im Kräutergarten 71 ist ein ständiges Thema, das immer wieder zu Streitigkeiten zwischen den Geschwistern führt. Deshalb fragt Oma: »Was nimmt Jule sich denn so vor?«

Charleen zuckt erneut die Achseln. »Sie hat noch nichts gesagt. Aber heute Abend werd ich's vielleicht wissen. Auch wenn sie mir nichts verrät.« Etwas Wut klingt immer noch in ihrer Stimme mit.

»Das ist mir aber recht schleierhaft, du Detektivin«, wundert sich Oma. »Wie willst du Jule denn auf die Schliche kommen, wenn sie dir nichts verrät?«

»Ganz einfach. Ich sehe ja, ob sie ihr Abendbrötchen mit Nutella bestreicht – oder nicht.«

Oma schmunzelt. »Kapito. Der Groschen ist bei mir gefallen. Also hat Jule im letzten Jahr abends auf Nutella verzichtet?«

»Nicht nur abends, auch morgens, Omi! Die ganze Fastenzeit über kann die das durchhalten.« Charleen schüttelt ungläubig den

Kopf. »So was nehme ich mir erst mal gar nicht vor.« Sie seufzt. »Und du, Oma?«, fragt sie schließlich. »Verzichtest du auch auf etwas?«

Oma hält beim Bügeln einer Tischdecke inne und schaut Charleen an. »Da hast du mich aber kalt erwischt.«

»Nee, sag ehrlich, Omi. Ich hab dir ja auch von meinem Vorsatz erzählt.«

Oma schaut auf die Tischdecke und erschrickt. Es dampft und zischt. »Huch! Nicht aufgepasst. Aber noch nicht verbrannt ... Gott sei Dank!« Schnell nimmt sie das Bügeleisen vom Brett und schaltet es aus. Dann setzt sie sich zu Charleen. »Rate doch einmal.«

»Warte Oma, kann ich vorher noch ein Knäckebrot haben?«
Oma nickt.

»Also«, fährt Charleen fort, »du verzichtest sicher auf Süßigkeiten. Das machen doch die meisten.« Charleen angelt sich ein Knäckebrot aus der Box, die immer bereit auf dem Küchentisch steht.

»Stimmt«, gibt Oma zu, »aber die meisten Erwachsenen machen das nur, um abzunehmen, und nicht weil sie das Fasten im Sinne eines echten Verzichts im Kopf haben. Früher, als Kinder, *mussten* wir alle Süßigkeiten bis zum Ostersamstag aufsparen. Drei große Weckgläser wurden in der Küche aufs Regal gestellt und dann ging das Hamstern los.«

»Wieso hamstern?« Charleen holt sich noch eine Apfelschorle aus dem Kühlschrank, damit sie das trockene Knäckebrot hinunter kriegt. Sie scheint zu überlegen, was Oma wohl mit dem »Hamstern« gemeint hat.

»Pass auf«, erklärt Oma. »Beim Einkaufen gab es als Zugabe oft eine Handvoll Bonbons. Wohlgemerkt – Fruchtbonbons ohne Papier. Einpapierte Sahnebonbons verschenkte kaum ein Kaufmann. Auf dem Tresen standen meist zwei große Bonbongläser. Und wenn nach dem Einkauf die Erwachsenenhand dort hineingriff und eine Handvoll Bonbons auf den Ladentisch warf, war ich selig. Unterwegs habe ich dann schnell gerechnet: *Ist das eine Anzahl, die durch drei teilbar ist? Nein, das sind ja zehn, das geht nicht. Aber wenn ich ein Bonbon vorher aufesse ...?«*

»Omi, Omi – gemogelt!« Charleen hat ihren Spaß.

»Ich geb's zu. Aber meine ältere Schwester hat's wahrscheinlich genauso gemacht.«

»Hat sie dir das gebeichtet?«

»Nö, das hab ich auch so herausgefunden. Wenn ich vom Bäcker, der neben uns wohnte, zurück war – das war nur ein Katzensprung – forderte sie mich meistens leise auf, sie anzuhauchen. *Aha, Himbeere!* lautete später ihr Kommentar, wenn wir allein waren.«

»Hat sie dich etwa verpetzt?«

»Nein, nie. Wir mussten ja gegen die ›Großen‹ zusammenhalten.«

Charleen denkt nach. »Omi, jetzt in der Grippezeit wäre das mit den Bonbons aber nicht besonders hygienisch. Erst sind sie in der Hand des Kaufmanns, dann auf dem Tresen, wo alles Mögliche abgeladen wird – und dann unten in deiner Einkaufstasche, in der vorher die Eier gelegen haben, die du dann verkauft hast.« Sie rümpft die Nase. »Auf diese dreckigen Bonbons hätte ich ohne Weiteres verzichtet.«

»Wir aber nicht«, bekräftigt Oma. »*Sand scheuert den Magen!* war damals ein beliebtes Sprichwort. Aber am Ende der Fastenzeit befand sich leider in dem großen Glas nur noch ein undefinierbarer Klumpen Fruchtbonbons, den man eh nicht mehr verzehren konnte.« Oma steht auf, geht wieder zum Bügelbrett und schaltet das Eisen an. »Zimperlich in Bezug auf Hygiene durfte man früher nicht sein«, sagt sie seufzend. »Im Tante-Emma-Laden wurden zum Beispiel Mehl und Zucker in Säcken gelagert und nach Wunsch abgewogen. Da kam es auch schon mal vor, dass etwas Mäusedreck mit in die Tüte geschüttet wurde.«

»Mäuse? Im Laden? Echt?« Charleen verzieht angewidert das Gesicht. Dann aber springt sie plötzlich auf. Offenbar hat sie eine Idee. »Oma, wenn Jule und ich damals eingekauft hätten, wär das sicher so gegangen. Ich spiel dir das mal vor:

Kaufmann: *Moin!*

Wir: *Moin!*

Kaufmann: *Na, was möchtet ihr beide?*

Wir: *Ein Pfund Zucker und ein Pfund Mehl.*

Kaufmann: *Moment.*

Der Kaufmann begibt sich zum offenen Zuckersack, um mit einer kleinen Schaufel ein Pfund Zucker abzumessen und in die Papiertüte zu füllen.

Jule: *Schau mal, Charleen, da sitzt ja 'ne Maus im Sack. Ist die süß, die kleine Maus! So süße rote Augen! Darf ich die fangen? Vorsichtig ... Juchhu! Ich hab sie. Wie ängstlich die guckt. Oh, schade, jetzt ist sie mir doch noch entwischt ...«*

Oma weiß, dass Jule keine Angst vor Mäusen hat und immer darauf bedacht ist, ihren Kleintierzoo zu erweitern. »Schönes Rollenspiel, Charleen. Aber woher weißt du denn, dass damals Mehl und Zucker in Säcken gelagert wurden?«

Charleen wirft Oma einen vorwurfsvollen Blick zu. »Mensch, Omi, wir waren doch letztes Jahr in einer Ausstellung in Bremen. Du warst doch auch dabei! Da gab's doch so einen alten Kaufmannsladen mit einem Mehlsack und der Schaufel aus Blech, in die genau ein halbes Pfund Mehl passte. Das war echt geil. Ich durfte das Mehl doch noch mit der Waage abwiegen, also überprüfen, ob diese Menge auch stimmte.« Charleen holt tief Luft. »Soll ich die Mäusegeschichte jetzt noch zu Ende erzählen?«

Rasch schüttelt Oma den Kopf. »Nein, das langt mir. Ich kenne deine theatralische Begabung.« Ein Schauer läuft ihr über den Rücken. »Mäuse. Igitt! Die mag ich nicht.« Sie nimmt den Rest der Bügelwäsche in Angriff. »Möchtest du noch etwas essen oder trinken, Charleen? Nein? Dann hol dir doch noch einen schönen Apfel aus der Kiste im Fahrradraum.«

Charleen flitzt in den Fahrradraum und ist im Nu wieder da. Sie setzt sich zu Oma, die das Bügeln gerade beendet hat. Jetzt klappt sie das Bügelbrett zusammen, stellt es im Nebenraum an die Wand und kehrt dann in die Küche zurück.

»Soll ich die Bonbonstory noch zu Ende erzählen?«

Charleen nickt.

»Okay. Also, auf dem Schulweg morgens war das Wetteifern mit den Nachbarmädchen dran. Jeden Morgen stellte man die spannende Frage: *Wie viele?* Gemeint war: ›Wie viele Bonbons habt ihr daheim im Glas?‹

Neunzehn, nur neunzehn? Wir haben jeder einundzwanzig (Ätsch!). Die Nachbarmädchen mussten nämlich nicht wie wir durch drei, sondern durch vier teilen. Am Ende der Fastenzeit waren wir trotzdem immer die Verlierer, denn die Nachbarmädchen konnten uns spätestens am Tag nach dem Geburtstag ihrer Oma, der immer in die Fastenzeit fiel, mit Rekordmengen – bis an die hundert Stück – übertrumpfen.«

Charleen scheint eine Weile lang über die hundert bunten Fruchtbonbons nachzudenken. »Sag mal«, fragt sie schließlich, »haben die Erwachsenen eigentlich auch richtig gefastet?«

»Richtig fasten, das heißt, nur einmal am Tag satt essen, das war an Aschermittwoch und Karfreitag angesagt.«

»Und sonst?«

»Ich überlege ... ja, eigentlich war die Fastenzeit für alle von der Ernährung her eine ziemlich öde Zeit, eine Zeit des unfreiwilligen

Verzichts. Im Winter gab es kein frisches Gemüse oder Obst. Der Nüsse- und Apfelvorrat schmolz dahin, an Fleisch wurde gespart, der geräucherte Schinken wurde ja erst an Ostern angeschnitten. Und jeden Freitag gab's Fisch oder Eier.«

Charleen runzelt die Stirn. »Wie bitte, *Fisch*? Wo kam denn der Fisch her?«, fragt sie erstaunt. »Bei euch gab es doch gar kein Meer – und auch keinen Fluss ...«

»Einmal pro Woche kam ein Fischwagen vorbei«, erklärt Oma. »Der hielt an der Straße an und hupte laut, sodass immer ein paar Leute zusammenkamen. Auf abgelegene Höfe fuhr auch ein Hökerwagen, ein kleines Kaufhaus auf Rädern. Zuerst war das ein Pferdefuhrwerk, später ein Auto, denn viele hatten keine Möglichkeit, zum Einkaufen in die Stadt zu fahren.«

Charleen nickt. »Praktisch. Aber sag mal, Oma, wenn jemand lieber Fisch als Fleisch isst, so wie Papa, dann ist das doch wohl kein Fasten, oder?«

Oma schmunzelt. »Stimmt. Mit dem Unterschied, dass der teure Fisch damals nur stückweise zugeteilt wurde. Satt essen musste man sich mit Kartoffeln.«

Charleen steht auf und reckt sich. »Omi, vor lauter Reden vom ganzen Fasten hab ich jetzt echt Lust auf Süßigkeiten ...«

»Wie? Süßigkeiten am Aschermittwoch?« Oma kann sich diesen Satz nicht verkneifen. Der Lehrerinnenton gewinnt mal wieder die Oberhand.

»Ehrlich gesagt, ich hab heute Mittag nicht viel gegessen.« Charleen winkt ab. »Aber lass nur, Omi, ich mach mir gleich selbst noch ein paar Toastbrote – wenn du gestattest – mit Nutella.«

Oma schmunzelt in sich hinein. Charleen hat – Gott sei Dank – nicht weiter nach Omas Fastenvorsatz gefragt. Aber sie vergisst so schnell nichts.

»Omi, möchtest du auch ein Toastbrot? Nein? Okay.« Sie holt den Toaster aus dem Drehschrank, steckt die Toastbrote in die Schlitze und drückt den Hebel nach unten. Dann setzt sie sich wieder hin. »Übrigens, Omi du hast mir noch immer nicht verraten, auf was du in der Fastenzeit verzichten willst.«

Gerade kommt Opa in die Küche. Er hat Charleens Frage noch mitbekommen. »Ich hab einen sehr heilsamen Vorschlag für Oma«, verkündet er. »Auf Laptop und iPad verzichten.« Dann flüstert er Charleen zu: »Ich glaube nämlich, Oma ist schon süchtig.«

KEIN EMPFANG AUF HANDYBRÖTCHEN

Am ersten April geht Oma morgens in den Garten, um ein paar Osterglocken zu pflücken, die sie in die Vase stellen will. Die Sonne scheint und sie freut sich über die blühenden Primeln und die letzten Krokusse. Jule ist gerade mit Fibi und Sally Gassi gegangen und hat die Hunde ins Haus gebracht.

Jetzt stürmt sie in den Garten und ruft: »Omi, soll ich den Frühstückstisch decken?«

Oma dreht sich um und legt den Zeigefinger an die Lippen. »Pst, Jule, nicht so laut«, flüstert sie. »Komm doch mal her. Ich glaube, ich habe ein ganz seltenes Tier gesehen.«

»Wo denn, Oma?«, flüstert Jule zurück. »Wo ist es denn?«

»Es könnte unter die Hecke gekrochen sein.«

Jule schleicht auf Zehenspitzen zur Hecke, bückt sich und späht zwischen die Blätter. Nach einer Weile richtet sie sich enttäuscht wieder auf. »Nee, hier ist nichts«, murmelt sie. »Ich seh nichts.«

Doch die Hoffnung hat Jule noch nicht aufgegeben, das kann Oma an ihrem konzentrierten Blick erkennen. Jule liebt seltene Tiere über alles, sonst hätte sie sich ja nicht gerade die zwei afrikanischen Weißbauchigel angeschafft – von ihrem eigenen Taschengeld!

»Wie sah das Tier aus?«, fragt Jule neugierig.

»Ähm – ich weiß nicht genau«, meint Oma ausweichend. »So schnell konnte ich das gar nicht erkennen. Ich glaube, es hatte sehr lange Beine. Und ziemlich lange Ohren ...«

Jule reißt empört die Augen auf. Sie ist ein Schnellmerker.

»Omi, du willst mich doch wohl nicht anschmieren? Für Oster-hasengeschichten bin ich definitiv zu alt!«

Seitdem Jule das Gymnasium besucht, benutzt sie das Wort ›definitiv‹ de-finitiv zu oft, denkt Oma. Dann meint sie ganz ruhig: »Vom Oster-hasen will ich dir *definitiv* nichts erzählen, aber immerhin habe ich dich mit einem seltenen Tier in den April geschickt!«

Oma freut sich spitzbübisch und nimmt Jule tröstend in den Arm. Aber die macht sich sofort frei und protestiert.

»Warte, Omi. Der Tag ist noch nicht zu Ende. Ich will Revan-che!« Und während die beiden den Garten verlassen, hebt Jule noch mehrmals die geschlossene Faust. »Revanche! Revanche!«, ruft sie.

Wieder zurück in der Küche beginnen Oma und Jule einträch-tig den Frühstückstisch zu decken. Jule hat sich inzwischen abge-regt. Die Tageszeitung liegt noch auf dem Tisch. Opa hat sie sofort nach dem Aufstehen überflogen.

»Früher standen am ersten April in der Zeitung immer einige Falschmeldungen«, meint Oma nachdenklich. »Man musste tat-sächlich scharf überlegen, was echt oder was eine Ente war. Scha-de, das gibt's nicht mehr.«

»Warum nicht?«, fragt Jule und legt die Zeitung zurück auf Opas Platz.

»Ein Grund könnte sein, dass einige Leser die Falschmeldun-gen ernst genommen haben«, erklärt Oma. »Die Leute waren dann wohl sehr empört, weil sie zum Beispiel einen weiten Weg umsonst gemacht oder etwas nicht erhalten hatten ... oder wenn es die versprochene, supergünstige Ware gar nicht gab ...«

Jule grinst. »Das hätte ich gern miterlebt. Erinnerst du dich noch an ein Beispiel?«

Oma schüttelt den Kopf. »Leider nicht. Aber warte, ich kann mir ja etwas ausdenken, das in die heutige Zeit passt.« Sie schließt die Augen und überlegt. »Also. Hier meine Zeitungsmeldung für den ersten April – gleich vorne auf der Titelseite: ›Heute kommt unser Ministerpräsident überraschend zu einem Kurzbesuch nach Damme. Er landet mit dem Hubschrauber um zwölf Uhr auf dem Kirchplatz. Die Bevölkerung wird gebeten, dem Ministerpräsidenten einen gebührenden Empfang zu bereiten.‹«

Jule deckt gerade das Besteck auf. »Kann man glauben oder auch nicht«, meint sie zögerlich. »Nein, eher nicht – wegen der Sache mit dem Hubschrauber. Außerdem hat Damme einen Flugplatz. Hast du noch ein besseres Beispiel?«

Oma holt gerade Aufschnitt, Milch und Butter aus dem Kühlschrank.

»Warte, ich muss nachdenken. Moment ... Also, hier meine Meldung für den Anzeigenteil: ›Heute Sonderangebot in allen Bäckereien im Kreis Vechta: Handybrötchen verziert mit Liebesperlen zum Sparpreis von 23,5 Cent – nur so lange, wie der Vorrat reicht!‹« Oma mustert Jule, die wieder zu überlegen scheint. »Also, was meinst du?«, fragt Oma schließlich. »Ist das als Aprilscherz geeignet?«

Jule wiegt den Kopf. »Tja, Omi. Könnte hinhauen – als Aprilscherz, meine ich. Aber nur, wenn man nicht schnallt, dass es keine halben Cents gibt.«

Oma nickt. »Gurke oder Paprika noch dazu?«, fragt sie. Jule konzentriert sich wieder auf den Frühstückstisch, aber in ihrem Kopf scheint es zu arbeiten.

»Gurke genügt mir, aber nimmt Opa nicht immer eine Tomate?«

Jule holt eine aus dem Kühlschrank, wäscht sie ab und legt sie auf Opas Teller. Dann stützt sie die Fäuste in die Hüften und schüttelt ungläubig den Kopf. »Irgendwie schnall ich nicht, warum sich Leute wegen solcher Meldungen aufregen können. *No risk, no fun*, sag ich immer.«

»Den Spruch kannst du wohl überall anbringen, was? Stimmt aber in diesem Fall.« Oma überprüft den Frühstückstisch. »So, haben wir jetzt alles?« Sie nickt. »Scheint so. Jetzt müssen wir nur noch darauf warten, dass Opa mit den Brötchen kommt.«

Oma stellt die Kaffeemaschine an und für Jule das Teewasser. Ihre Enkelin scheint immer noch über die verschwundenen Aprilscherze in den Zeitungen nachzugrübeln.

»Vielleicht ist ja jemand beim Gang zu einem imaginären Event zufällig gestürzt und hat sich ein Bein gebrochen ...«, mutmaßt Jule. »Und dann wurde die Zeitung verklagt, weil dieser Unfall sonst gar nicht passiert wäre. Möglich wär's ... Aber wie auch immer ... Echt schade, dass es so etwas nicht mehr gibt —«

In diesem Moment kommt Opa etwas atemlos zur Tür herein, denn er war mit dem Rad unterwegs.

Als er die Brötchen in den Brotkorb auskippt, fragt Jule ganz enttäuscht: »Wie, keine Handybrötchen dabei?« Sie steht auf, um die Brötchen genauer in Augenschein zu nehmen. »Nee, tatsächlich. Da sind keine Handybrötchen dabei.«

Opa ist ganz betroffen. »Handybrötchen?«, fragt er verdutzt. »Schon wieder eine neue Sorte? Sollte ich die etwa mitbringen, Oma?«

Oma spielt das Spiel mit. »Ja, drei Handybrötchen. Hab ich dir noch nachgerufen. Aber du hattest deine Hörgeräte wohl nicht drin?«

Jule grinst und klopft Opa auf die Schulter. »Nicht so schlimm, Opi.« Sie macht eine Pause, scheint sich ein Lachen zu verkneifen, aber dann prustet sie los. »April, April! Reingefallen, Opi!« Geschwind fischt sie ein Brötchen aus dem Korb. »Aber Dankeschön für das Käsebrötchen.«

Opa stutzt einen Moment, dann geht er scheinbar wütend und zähneknirschend auf Jule los. »Jule-Pule! Das wirst du mir büßen!«

Er zieht sie vom Stuhl hoch und schüttelt sie ein wenig.

»Oma hat damit angefangen«, meint Jule lässig und setzt sich wieder.

Opa hält einen Moment inne. Dann zwinkert er Jule zu und wendet sich mit scheinbar strengem Blick an Oma. »Wehe, du hast für mich auch noch so einen Scherz in petto. Du willst doch nicht, dass ich einen Herzinfarkt bekomme.« Erschöpft lässt er sich auf den Küchenstuhl fallen. »So, können wir jetzt endlich in Ruhe frühstücken?«

Opa greift nach einem Körnerbrötchen, legt die Zeitung beiseite und schneidet das Brötchen auf. So ganz traut er dem Frieden noch nicht. *Was dieser Tag wohl noch alles bringen wird?*

HOI, HOI, HEU!

Großer Arbeitseinsatz im Kräutergarten 71, besser gesagt im Gehege der Kaninchen und Meerschweinchen in Meyers Garten: Heute wird der Boden geebnet! Die Kaninchen haben etliche Tunnel und Höhlen in die Erde gegraben. Wenn sie so weiter buddeln, werden sie bald ausbüxen. Aber heute Nachmittag ist die ganze Bande erst einmal im Häuschen eingesperrt.

Papa Martin hat zwei Karren mit Sand besorgt und bereit gestellt. Jule und Charleen schütten zunächst die großen Löcher im Gehege zu. Jetzt, mitten im Juni, ist es mäßig warm und sie müssen nicht unter der heißen Sonne schwitzen.

»Oh, fleißige Bienen! Das lob ich mir«, meint Opa Just, der gerade im Kräutergarten angekommen ist und vom Fahrrad steigt. Opa Just wirft Crispy, Schoko, Wolke, Bounty und wie sie alle so heißen – mehr Karnickel- und Meerschweinchennamen kennt Opa nicht auswendig – ein paar Möhren und frischen Löwenzahn ins Gehege. Den Löwenzahn hat er unterwegs bei seiner Radtour gepflückt. Opa ist noch ganz vom alten Schlag und freut sich immer, wenn seine Enkelinnen sich – so wie gerade jetzt – körperlich betätigen.

»*Uns* hast du wohl keinen Snack mitgebracht?«, meint Jule seufzend und sieht auf.

»Doch!«, ruft Oma, die ebenfalls gerade mit dem Fahrrad angekommen ist. Oma braucht immer etwas länger als Opa. Sie zeigt auf ihren Fahrradkorb. »Frischer Butterkuchen vom Bäcker. Wollt ihr euch nicht eine Pause gönnen?«

Das lassen sich die beiden nicht zweimal sagen. Sofort steigen sie über das Gitter, schlurfen zur Terrasse und sinken erschöpft auf die Stühle. Oma packt den Kuchen aus.

»Dürfen wir?«

Oma nickt und die beiden Mädchen greifen zu.

»Mmh, ganz frisch«, meint Jule. »Butterkuchen schmeckt auch nur frisch. Den gibt es ja auch immer auf Beerdigungen.«

»Stimmt, Jule. Aber als wir Kinder waren, gab's Butterkuchen auch an den großen Festen im Kirchenjahr, zu Weihnachten, Ostern und Pfingsten.«

»Auch den gefüllten?«, fragt Charleen nach.

»Nein, nur den normalen mit Streuseln. Zu Ostern bestellte Mutter immer eine ganze Platte davon.«

Charleen staunt. »Aber so viel Butterkuchen konntet ihr doch gar nicht ...«

»Na ja, wenn der Kuchen nicht mehr frisch war, konnte man ihn ja noch in die Milchsuppe einstippen.«

»Wieder so 'ne Alles-verwerten-Aktion?«, meint Jule.

Opa nickt. »Klar, zum Verfüttern an die Schweine war auch der trockene Kuchen zu schade.« Sein Blick fällt erneut auf das Gehege. »Aber einmal eine andere Frage. Ihr habt die Löcher jetzt ja dicht. Womit wollt ihr die Erde denn feststampfen, damit die Kaninchen nicht gleich wieder ihre Gänge graben?«

»Letztes Jahr haben Luca und ich die Erde mit etwas Wasser eingeschlämmt und dann mit einen dicken Pfahl festgestampft«, erinnert sich Jule.

Opa nickt anerkennend.

Jule freut sich über das indirekte Lob. »Irgendwie macht es aber auch Spaß, wenn alles wieder in Ordnung ist«, fährt sie fort. »Omi, sag mal – ihr musstet doch angeblich früher viel mehr arbeiten als wir? Gab's denn da auch Arbeiten, die euch Spaß gemacht haben?«

»Das Wort ›angeblich‹ kannst du ruhig streichen«, sagt Oma lachend. »Das war wirklich so.«

Katja kommt mit einem Tablett nach draußen und stellt die Kaffeetassen und die Teller auf den Tisch.

Oma bedankt sich und fährt fort. »Also, hört mal zu: Wenn wir zu zweit oder zu dritt waren – also Irmgard, Hedwig und ich – dann fiel uns bei der Arbeit immer etwas ein: zum Beispiel beim Heuen und Heueinfahren ... na ja, eher beim Heueinfahren«, fügt sie nach kurzer Pause hinzu. »Beim Aufladen konnten wir natürlich nicht helfen, dazu waren wir noch zu klein und nicht stark genug. Aber wenn der volle Wagen dann auf dem Hof stand, dann ging der Spaß los. Dazu müsst ihr wissen, dass das Heu auf dem Wagen mit einem dicken, blank geschälten Baumstamm, dem ›Pummelbaum‹, wie wir ihn nannten, beschwert war. Außerdem wurde das Heu noch mit Tauen gesichert, denn es war ja eine kostbare Fracht. Die Taue wurden stramm gezogen und an den Seiten des Wagens festgezurrt. So wurde die ganze Fuhre noch weiter zusammengepresst. Es galt im Dorf nämlich als Blamage, wenn man auf dem Weg von der Wiese zum Hof Heu verlor oder die Ladung verrutschte.«

»Ist euch das denn auch mal passiert?«, will Charleen wissen.

Oma nickt. »Klar, als ich später einmal selbst das Heu packen musste – da war ich schon ein junges Mädchen.«

»Und wie war die Reaktion?«, fragt Jule neugierig.

Oma schaut etwas verlegen aus. »Beschämend für mich, ehrlich gesagt«, gibt sie schließlich zu. »Unser landwirtschaftlicher Gehilfe hat laut geschimpft, besser gesagt, geflucht: *Die Studierten sind doch zu nichts zu gebrauchen. Hätte ich mir doch gleich denken können!*«

»Die *Studierten*?« Was der landwirtschaftliche Gehilfe damit meinte, ist Charleen offenbar ein Rätsel. »Du warst doch sicher damals noch eine Schülerin – und keine Studentin?«

Oma nickt. »Das stimmt zwar. Aber mit dieser Bezeichnung wollte unser Gehilfe wohl ausdrücken, dass derjenige, der mit dem Kopf arbeitet, nichts im Vergleich zu dem leistet, der ›im Schweiße seines Angesichts‹ den ganzen Tag schuftet.«

»Also von Spaß doch keine Rede«, bemerkt Jule und beißt von ihrem Stück Butterkuchen ab.

»Warte, Jule, nicht so schnell mit der Bewertung.« Oma nimmt einen Schluck Tee. »Diese Vorurteile, diese Kritik, dass ich für die Landwirtschaft nicht zu gebrauchen war, hat mir in der Schulzeit nicht viel ausgemacht«, erklärt sie. »Damit konnte ich gut leben. Manchmal hat mir dieses Urteil auch dabei geholfen, mich vor der Arbeit zu drücken.«

Charleen nickt. Dafür hat sie volles Verständnis. Dann fordert sie Oma auf: »So, aber jetzt kommt endlich die Spaßgeschichte!«

Oma stellt die Teetasse ab und denkt kurz nach. »Sie spielt in der frühen Kindheit, na ja, sagen wir mal, Vorschulzeit: Sobald der vollbepackte Heuwagen ohne große Verluste auf dem Hof angelangt war, wurden zunächst die Taue gelöst. Dann wurde der Pummelbaum langsam nach unten gelassen – bis ganz auf den Erdboden … und dann – ja dann! – begann unser Spaß. Endlich durften wir den Pummelbaum als Rutsche benutzen!«

Charleen runzelt die Stirn. »Das kann ja nur eine Ministrecke gewesen sein«, meint sie enttäuscht. Sie hat wohl die Riesenrutsche auf dem Spielplatz im Kopf.

Aber Oma ist da anderer Meinung. »Für uns Kinder von vier oder fünf Jahren war das schon eine ganz schön stattliche Höhe«, erwidert sie. »Vielleicht von einem Meter. Ich stell mir das Rutschen gerade noch mal vor: juchhu! Aufsitzen mit dem dünnen

Sommerkleid, abdrücken und schon landet man mit dem Po auf der Erde, denn unser Hof war nicht gepflastert. Dieses Spiel konnten wir nicht oft genug wiederholen. Aber leider nur bis jemand sagte:

So, jetzt ist's genug. Ab nach oben, auf den Heuboden!

Schon ging's die steile Leiter zum Heuboden hinauf. Aber vorsichtig, denn das war sehr, sehr hoch. Unser kräftiger Gehilfe stand dann auf dem Wagen, spießte das Heu mit der großen Forke auf und steckte es durch die Luke im Dachboden. Mutter nahm es dort in Empfang und reichte es an uns Eckensteher weiter.«

»Und ihr solltet es dann verteilen?«, folgert Jule. Der Butterkuchen ist zur Hälfte aufgefuttert. Sally und Fibi haben noch kein Krümelchen abbekommen. Mit ihren sehnsüchtigen Hundeaugen glotzen sie zu den Kindern hoch und beobachten genau jede einzelne Bewegung. Oma fährt fort.

»Jawohl, wir mussten das Heu weiterbefördern. Wir brauchten uns ja nicht so tief zu bücken, wenn wir es mit vollen Armen in die Ecken stopften – wir waren ja noch klein. Und waren die Ecken erst einmal voll, dann mussten wir das fliegende Heu einsammeln und festtrampeln, damit möglichst viel verstaut werden konnte. Manchmal landete eine Forke voll Heu auch auf einem unserer Köpfe. Dann musste man sich zur Freude der anderen wieder herausbuddeln – oder man blieb erst mal liegen, vom Heu begraben.«

»Schöne Gymnastik – ›Heuspringen‹!«, wirft Jule ein. »War das der Vorläufer des Trampolins? Kleiner Scherz, Omi.« Dann aber runzelt sie nachdenklich die Stirn. »Trockenes Heu staubt ziemlich doll oder nicht? Das war doch bestimmt nicht gut für eure Lungen?«

Oma nickt. »Ja, aber der Spaß überwog. Heu federt leider nicht so gut wie ein Trampolin, es fällt schnell in sich zusammen. Also – das Ganze war nur ein kurzes Vergnügen. Das Trampeln selbst artete außerdem nie völlig in Spielerei aus, denn alles musste ja zügig gehen. Einerseits war das Heu von der Hitze draußen noch aufgeladen, das heißt, es verströmte Wärme, andererseits war die Luft oben unter dem Dach im Sommer sowieso unerträglich stickig. Das Dach war ja nicht isoliert. War der Wagen endlich leer, kletterten wir erleichtert nach unten, lachten über unsere Heufrisuren, zupften uns gegenseitig die Halme aus den Haaren und verglichen unsere zerkratzten Arme.«

»Und dann gab's doch wohl endlich was zu trinken, oder?«, fragt Charleen, die sichtbar mit Oma mitgelitten hat. »Oh, da fällt mir ein ... Durst habe ich auch. Und wie! Dürfen wir ausnahmsweise mal eine Flache Sprite haben, Mama?«

Katja nickt.

»Warte, Oma, noch nicht weiter erzählen!«

Charleen flitzt ins Haus und kehrt kurz darauf mit zwei großen Flaschen zurück. Das Wasser ist für Jule und ein Glas Sprite will sie sich selbst gönnen.

»Also, du wolltest wissen, was es zu trinken gab, Charleen? Klares Wasser für uns und für die Erwachsenen Caro-Kaffee mit Milch.«

An den Gesichtern der Kinder kann Oma ablesen, dass beide andere Erfrischungen beziehungsweise Belohnungen im Kopf hatten.

»Was für ein Gesöff – äh – ich meine Getränk, ist das denn schon wieder?«, fragt Jule. »Caro-Kaffee?«

»Das ist ein Kaffee-Ersatz aus Getreide«, erklärt Oma. »Schmeckt aber nicht nach Kaffee. Ich glaube, den gibt's heute auch noch.« Sie schaut in die Runde. »Habt ihr noch einen Moment Zeit? Ja? Der Kuchen ist ja auch noch nicht auf. Also etwas Witziges habe ich noch zum Thema ›Heu einfahren‹ zu berichten.

Stellt euch mal folgendes Bild vor: Beim Herunterrutschen vom Pummelbaum schreit meine älteste Schwester Irmgard plötzlich laut auf. Sie heult und hält sich den Po.

Ihr sollt aufpassen, das habe ich doch noch eben gesagt! schimpft einer der Erwachsenen: *Das kommt eben davon, und jetzt hör mal auf zu heulen, Irmgard! Du bist doch sonst nicht so empfindlich.* Den Stempel ›Heulsuse‹ hatte nämlich ich gepachtet«, fügt Oma an.

»So wie bei uns Charleen«, rutscht es Jule heraus.

Charleen reagiert sofort ganz empört. »Jule, das ist unfair. Vielleicht als ich kleiner war. Aber da habt ihr mich ja auch nie mitspielen lassen und immer geärgert.«

Dieses Thema kennt Oma zur Genüge. Es flammt immer wieder bei den verschiedensten Anlässen auf.

»Wollt ihr jetzt wissen, wie es weitergeht?«, fragt Oma, um von dem schwelenden Streit abzulenken.

Charleen nickt, starrt Jule aber immer noch böse an.

»Also. So geht die Geschichte der Heulsuse Irmgard weiter: *Irmgard, krieg dich wieder ein! Hör jetzt endlich mit dem Brüllen auf!*«

»Das hast du schon erzählt, Omi«, sagt Jule trocken.

»Hab ich? Entschuldigung! Jedenfalls, als Irmgard dann mit auf den Heuboden sollte, um beim Verstauen zu helfen, heulte sie plötzlich wieder los. Tante Agnes schaute sich nun endlich das entblößte Hinterteil an, lachte und meinte: *Tja, ein Holzsplitter im Popo ...* Da war vorerst nichts zu machen! Die Arbeit musste ja weitergehen und Irmgard blieb weinend unten.«

Charleen hat den Streit mit Jule schon wieder vergessen, denn die Geschichte hat sie in den Bann gezogen. »Aber nach der Arbeit ging's dann sicher schnell zum Arzt, oder?«, fragt sie besorgt. »Die Stelle wurde betäubt und der Splitter herausgezogen?«

Charleen hat sich offenbar längst mit Irmgard identifiziert. Sie weiß, dass auch sie manchmal etwas wehleidig ist und deshalb möchte sie diese Po-Splitter-Geschichte schnell zu Ende geführt wissen.

Oma fährt fort. »Auf dem Lande ist man hart im Nehmen. So ein Splitter – das ist doch nur eine Lappalie. Irmgard wurde auf den Küchentisch gelegt und Mutter versuchte mit einer Sicherheitsnadel den Stachel aus der Pobacke zu puhlen. Das gelang ihr aber nicht einmal ansatzweise, denn schon bei der ersten Berührung war die Patientin aufgesprungen und wie der Blitz nach draußen gepest.

Dann eben nicht! lautete die Devise.

Auch vor dem Zubettgehen war die Gepeinigte noch nicht dazu zu bewegen, sich verarzten zu lassen. Irmgard heulte sich in den Schlaf. Sobald man sie jedoch im Tiefschlaf wähnte, wurde sie vorsichtig aus dem Bett gehievt und die Prozedur begann von Neuem. Leider wachte die widerspenstige Patientin schon beim ersten Nadelstich auf, fing mörderisch an zu strampeln und zu schreien, drehte sich um, sprang vom Tisch und verkroch sich wieder ins Bett.«

»Und so musste am nächsten Tag doch der Doktor kommen«, folgert Charleen. »Ihr konntet ja nicht hinfahren?«

Oma schüttelt den Kopf. »Was denkst du? Wegen eines Splitters im Po wäre der Doktor nie gekommen.«

»Aha, dann kann ich den Schluss erraten«, meldet sich Jule zu Wort. »Was folgte, wollt ihr alle wissen? Eine Blutvergiftung oder eine dicke Entzündung – wieder so eine Katastrophe!«

Oma winkt ab. »I wo. Mutter holte das Allheilmittel, die sogenannte ›Schwarze Salbe‹ aus dem Küchenschrank. Damit wurde die ganze Pobacke mitsamt dem Splitter bestrichen. Darüber kam ein Pflaster. Nach zwei Tagen hatte sich der Splitter etwas nach oben geschoben und konnte mit einem Ruck entfernt werden.«

Charleen atmet erleichtert auf. Die Kuchenplatte ist leer und der Durst ist gestillt.

»Tja, dann müssen wir wohl wieder an die Arbeit«, meint Jule. Sie schaut sich ihre Handflächen an, die vom Schaufeln und Graben ganz gerötet sind und hält sie Opa hin.

»Schwielen, Jule, die wirst du wohl nicht kriegen«, meint Opa lakonisch. »Dann müsstest du schon jeden Tag so hart arbeiten wie heute. Aber Blasen schon eher.«

Jule befühlt ihre Hände. »Mama, haben wir in der Hausapotheke auch diese Wundersalbe – wie hieß die noch? Ach ja, die ›Schwarze Salbe‹?

Katja nickt. »Du wirst es nicht glauben, Jule. Ja, die gibt's tatsächlich noch. Aber warte ...« Sie steht auf, geht in die Garage und kehrt mit einem Paar schwarzer Gartenhandschuhe aus Gummi zurück. »Hier, Jule. Probier's doch mal damit. Das ist immer noch die beste Medizin gegen Blasen.«

ALS DIE ZEIT NOCH KEINE SEKUNDEN HATTE

Es ist der 17. Dezember, ein Sonntag. Und der Tag vor Omas fünfundsiebzigstem Geburtstag.

Oma sitzt am Morgen, nachdem sich die dicken Nebel endlich verzogen haben, in ihrem Arbeitszimmer. Sie hat die Gardine, die den Blick auf die Terrasse freigibt, zur Seite geschoben. Der Himmel ist trübe und bleigrau, aber draußen scheint es gar nicht richtig kalt zu sein. Die Stiefmütterchen im steinernen Kübel recken munter die Köpfe. Ganz versunken schaut Oma auf den Tannenbaum in der Ecke, den Opa schon gestern auf den Ständer gestellt hat.

Wie die Zeit vergeht, denkt sie. *Gerade noch Sommer und jetzt schon wieder Weihnachten.*

Da reißt jemand die Tür auf. Oma erschrickt. Es ist Jule.

»Hi, Oma«, keucht sie, »können wir gleich schon den Tisch für morgen decken? Ich habe gerade eine Stunde Zeit.«

»Wie, nur eine Stunde?« Oma ist enttäuscht, denn sie hat am Samstag extra Kroketten für Jule zum Mittagessen eingekauft.

»Ja, ich weiß, das ist etwas knapp. Aber wenn wir sofort loslegen, müsste es noch klappen«, meint Jule verlegen und mustert Oma. Aber die hat sich schon wieder gefasst und fordert Jule auf, die Weihnachtsdekoration aus dem Keller zu holen.

»Aber bitte vorsichtig!«, mahnt Opa Just. »Nichts auf der Treppe verstreuen. Ich habe gerade Staub gesaugt.«

»Gold oder Rot?«, ruft Jule, die schon längst in den Keller hinabgeflitzt ist.

»Beides, so wie immer klassisch!«, ruft Oma zurück. »Ich gehe nicht mit der Mode des Jahres.«

»In diesem Jahr ist Silber in«, verkündet Jule, als sie nach oben kommt, das Gesicht von drei übereinander gestapelten Kartons verdeckt. Keuchend stellt sie diese im Wohnzimmer auf den Couchtisch.

»So viel Deko brauche ich eigentlich nicht«, meint Oma. »Aber egal. Lass alles erst einmal stehen.« Sie schaut Jule, die immer noch etwas außer Atem ist, nachdenklich an. »Warum bist du heute so in Eile? Was hast du denn noch alles so vor?«

»Heute Nachmittag kommen meine Freundinnen, die Zwillinge«, erklärt Jule hastig. »Wir wollen zusammen ins Kino, haben alle noch einen Gutschein vom Nikolaus.«

Oma staunt. »Das ist ja ein toller Nikolaus. Aber sag, wann hast du denn überhaupt einmal freie Zeit – ohne Programm?«

»Was meinst du damit: ›ohne Programm‹? Eine Stunde hat nur sechzig Minuten und ein Tag nur vierundzwanzig Stunden, oder etwa nicht? Das Leben ist zu kurz, um rumzugammeln. Man könnte ja etwas verpassen.«

Oma schüttelt amüsiert den Kopf. »Das musst du gerade sagen, du Scherzkeks! Aber einen Unterschied zu früher möchte ich bei dieser Gelegenheit doch herausstellen: Insgesamt hatten die Kinder – und auch die Erwachsenen – früher mehr Zeit ... nein, viel mehr Zeit füreinander, glaub mir.«

»Glaub ich aber nicht Oma – wo alle doch viel mehr und viel härter arbeiten mussten als heute. Da spielt dir wohl deine Erinnerung einen Streich ...«

Oma ist etwas baff und schweigt.

Zusammen legen Jule und Oma das Tischtuch auf, ziehen es glatt und überprüfen, ob an beiden Enden der Saum in gleicher Länge nach unten fällt. Sie sind ein eingespieltes Team. Als sie fertig sind, lehnt Oma sich an einen Stuhl und denkt nach. Wie soll sie Jule das Zeitproblem erklären? Dann macht sie einen Versuch. Jule holt gerade das beste Geschirr aus dem Schrank und stellt die Dessertteller auf.

»Für wie viele Personen?«

Oma rechnet nach. »Für zehn – nein, Moment.« Sie rechnet lieber noch einmal nach. »Ja, doch. Zehn Gedecke, das passt. Also, zurück zum Zeitmanagement von früher.«

»Zeitmanagement?« Jule kraust die Stirn.

»Ein moderner Begriff, Jule.« Oma denkt laut, spricht mehr zu sich selbst. »Früher hatte man nicht so viel zu managen, höchstens zu regeln. Deshalb gab es auch selten Stress und schon gar kein Burnout. Der Tag war klar strukturiert, zum einen durch täglich wiederkehrende Arbeiten, zum anderen durch die anfallenden Arbeiten in der betreffenden Jahreszeit. Ruhe- und Erholungspole waren die Mahlzeiten in der Gemeinschaft. Mittagessen und Abendbrot fanden fast immer zur gleichen Zeit statt.«

Jule setzt sich an den Tisch. »Erzähl doch mal, wie lief denn so ein Tag bei euch ab?«

»Also, morgens um halb sechs gab es eine Tasse Milch mit Zwieback. Dann Melken und Füttern bis halb neun. Danach das zweite richtige Frühstück, meistens mit Pfannkuchen. Und um zwölf Uhr Mittagessen mit Eintopf. Danach Mittagsruhe mit einer Tasse Muckefuck und einem Zuckerzwieback bis vierzehn Uhr. Gegen sechzehn Uhr das Vesperbrot, spätestens um zwanzig Uhr Abendbrot mit den Resten vom Mittag: Milchsuppe und Brot. Das war der Alltag – grob skizziert.«

Jule überlegt, dann schüttelt sie den Kopf. »Morgens und mittags zusammen essen, das kann bei uns schon allein wegen der Schule nicht hinhauen. Abends klappt es manchmal, dass die ganze Familie versammelt ist. Darauf legen meine Eltern auch großen Wert und außerdem —«

»Jule, ich weiß«, unterbricht sie Oma. »Ich weiß, dass man das nicht ändern kann. Aber stell dir einmal vor, du hättest damals gelebt. Versetz dich einmal in ein ganz anderes Leben. Und darin nimmst du dir einfach zu allem Zeit und machst häufiger im Laufe des Tages eine kleine Pause. Du hast zwar einen Plan, aber du hast genug Zeit, alles zu erledigen.« Oma lächelt und setzt sich zu Jule an den Tisch. »Früher wusste man aus Erfahrung, dass Hektik in der Landwirtschaft nichts bringt. Schließlich arbeiteten wir vorwiegend mit Tieren, zum Beispiel mit Pferden. Und jedes Tier hat eben seine eigene Art – und auch sein eigenes Tempo. Vom Reiten her weißt du ja, dass Pferde sehr schlau und sensibel sind.«

Jule nickt.

»Und gerade Pferde nehmen die Stimmung eines Menschen sehr genau auf«, fährt Oma fort. »Mit einem Trecker kann man heute im höchsten Gang über den Acker rasen und so ein großes Stück Land bearbeiten, aber mit einem Gespann von zwei Pferden ging das natürlich nicht. Der pflügende Bauer folgte den Pferden im Einklang mit ihnen und der Natur. Er konnte seine Gedanken ordnen, ihnen nachhängen, wenn er wollte, aber er hat die Pferde sicher nicht schikaniert, damit sie schneller laufen.«

»Oma, du sprichst aber heute sehr poetisch. Fast so wie unsere Deutschlehrerin.« Jule steht auf und überprüft, ob die Teller in gleichem Abstand gesetzt sind.

»Danke für das Kompliment.« Oma lacht. »Und das will ich noch einmal betonen: Feste Zeiten für Mahlzeiten im Laufe eines Tages haben durchaus ihren Sinn. Sie geben Ruhe und Kraft. Zum Beispiel konnte man am Morgen, wenn die ersten Arbeiten, das Melken und das Füttern, erledigt waren, in Ruhe und je nach Witterung die anstehende Arbeit für den Tag planen, zum Beispiel das Heu einholen oder Rüben ausdünnen. Manchmal kam um elf Uhr die Nachbarin vorbei. Dann wurde ein Gläschen Likör oder ein Klarer getrunken – und vielleicht eine Viertelstunde geklönt.«

»Ja, ja ...« Jule verdreht die Augen. »Darum gab es damals auch mehr Alkis. *Wehret den Anfängen*! sagst du doch sonst immer.«

Oma schüttelt entschieden den Kopf. »Meine Mutter war bestimmt keine Alkoholikerin, Jule. Ein Gläschen Likör weckt die Lebensgeister, mehr nicht. Danach wurde die Zeit bis zum Mittagessen mit viel Arbeit gefüllt. Nach dem Mittagessen folgte mindestens eine Stunde Pause, in der man Zeitung lesen oder einfach ausruhen konnte.«

»Aha – darum ist also das Rasenmähen mittags immer noch verboten? Und manche Geschäfte haben deswegen auch mittags geschlossen?«

Oma nickt. »Vereinfacht gesagt, ja. In Wirklichkeit sind die Verordnungen heute aber viel differenzierter.« Sie schaut zu Opa hinüber, der vor dem stummgeschalteten Fernseher sitzt und die Augen geschlossen hat. »Oh, da fällt mir noch etwas Lustiges aus der heutigen Zeit ein: In der Verwaltung in Vechta wurde im Jahr Zweitausend das sogenannte Powernapping eingeführt, scherzhaft auch als Beamtenschlaf bekannt.« Oma mustert Opa erneut. »Hat sich aber außerhalb des Hauses Meyer nie richtig durchgesetzt ...«

Jule denkt nach. *»Pow-er-nap-ping«,* sagt sie schließlich und betont jede einzelne Silbe. »Im Schlaf richtig Power tanken.« Sie nickt anerkennend. »Klingt gut, Oma. Aber–« Sie stockt. »Lehrer sind doch auch Beamte. Oder etwa nicht?« Etwas Schelmisches blitzt in ihren Augen auf.

»Ja. Und?«

Jule zuckt die Achseln. »Nun, du bist ja in Rente, du zählst nicht mit. Aber du glaubst nicht, wie öde der Unterricht bei manchen Lehrern in der fünften und sechsten Stunde ist. Wirklich zum Einpennen.« Jule seufzt, sinkt in sich zusammen und tut so, als sei sie todmüde.

Oma lässt sich nicht beeindrucken. »Den Finger am Mittag einmal öfter in der Schule heben, das wäre besonders für dich eine gute sportliche Tätigkeit«, meint sie stumpf. Oma weiß, dass die mündliche Mitarbeit nicht Jules Stärke ist.

Jule zieht einen Schmollmund. »Omi!«, erwidert sie. »Mama und Papa nerven mich damit schon genug. Und jetzt fängst du auch noch damit an!«

»Also, um das Thema abzurunden«, fährt Oma unbeirrt fort, »der Sonntag war ein reiner Erholungstag: der Ruhetag, auf den sich alle freuten.«

Jule ist nach wie vor skeptisch. »Dafür mussten aber alle am Samstag arbeiten«, erklärt sie. »Auch die Lehrer, das hast du doch mal erzählt. Und am Sonntag? Was konntet ihr da schon machen – außer schlafen, essen, spazieren gehen oder ein bisschen Rad fahren? Echt ätzend, stell ich mir vor ...«

Oma merkt, dass Jule wegen der Bemerkung zu ihrer mündlichen Mitarbeit immer noch etwas gekränkt ist. »Entschuldige, Jule, das mit dem Aufzeigen im Unterricht habe ich eben nicht so gemeint. Das ist ja deine ureigene Angelegenheit.«

Schnell holt Oma die Keksdose und füllt den Teller mit dem Spritzgebäck wieder auf.

»Also, sonntags besuchten wir die Kirche«, fährt sie fort. »Meistens zweimal – nachmittags war immer noch die Andacht. Die Sonntagskleidung zu tragen, das war für uns schon etwas Besonderes, und natürlich war es auch schön, so viele Leute zu treffen.

Das konnte man am besten auf dem Weg zur Kirche. Und nach dem Gottesdienst natürlich.«

Jule steht auf und kramt die Teelöffel aus einer Schublade. »Auf dem Weg zur Kirche Leute zu treffen, ist heute wohl eher schwierig«, meint sie zögerlich. »Die meisten kommen ja mit dem Auto.«

Oma nickt. »Genau. Damals aber gingen wir eben zu Fuß. So hatten wir auf dem Hin- und Rückweg immer Gesellschaft. Wir konnten uns viel erzählen und hatten Spaß. Die Teilnahme am Gottesdienst füllte den ganzen Sonntagvormittag aus, sagen wir einmal: ungefähr drei Stunden.«

Jule macht große Augen. »Ganz schön fromm, Oma. Drei Stunden? Das musst du mir erst einmal vorrechnen. Oder übertreibst du absichtlich?«

Oma schüttelt den Kopf. »Keineswegs, Jule. Also zweimal eine Dreiviertelstunde für den Fußweg —«

Jule hebt die Hand. »Warte, das sind neunzig Minuten. Und wie lange dauerte dann der Gottesdienst?«

»Meistens weitaus länger als eine Stunde. Die Predigt allein nahm schon eine halbe Stunde in Anspruch.«

»Waaas? So lange?« Jule kann es nicht fassen. »Also, Oma, dir kann ich es ja ruhig sagen: Ich finde eine Predigt von einer Viertelstunde oft schon sehr – na, sagen wir mal – für mich völlig uninteressant.«

»Ja, ja – die kritische Jugend von heute«, stellt Oma fest, denkt aber im Stillen: *Grundsätzlich hat Jule ja manchmal völlig Recht. Andererseits kann eine Predigt auch nicht alle Altersgruppen zufrieden stellen.*

»Alles muss auf euch zugeschnitten sein, interessant oder mit Action verbunden«, sagt Oma schließlich laut. »Das ist nicht immer gut, aber lassen wir das mal so stehen. Ich kann die Zeit eh nicht ändern. Solange die Geistlichen sich nicht ändern.« Sie nimmt sich einen Keks. »Übrigens – die Predigt war damals der einzige Teil der Messe, der auf Deutsch war. Alle anderen Texte waren auf Latein.«

»O je!« Jule macht ein Gesicht, als hätte sie Essig getrunken. »Gut, dass ich damals nicht in die Kirche musste. Das hätte ich nicht ausgehalten.«

»›Musste‹ ... Ja, das ist genau das richtige Stichwort. Ja, wir *mussten* in die Kirche gehen. Besonders im Winter haben wir gelitten, wenn die Kirche nicht geheizt war.«

»Und echt warme Winterkleidung, also gefütterte Stiefel, Thermohosen und so weiter hattet ihr ja auch nicht.«

Oma nickt. »Stimmt. Da mussten wir uns auf dem Rückweg schon warmlaufen. Das Schönste am Sonntag war nämlich das Mittagessen, das zu Hause auf uns wartete. Mittags gab es immer ein Drei-Gänge-Menü: zuerst eine schöne Suppe, dann ein Hauptgericht mit Braten, Kartoffeln und Gemüse und Vanille-Pudding als Dessert. Darauf freute sich jeder. Entsprechend gelöst war dann auch die Stimmung bei Tisch. Oft sprachen die Erwachsenen über die Predigt des Pfarrers. Besonders in der Erntezeit, wenn es lange geregnet hatte und am Sonntag trocken war. Dann hofften sie darauf, dass der Pfarrer folgende Ansage machte: *Heute am Sonntag ist ausnahmsweise das Einfahren von Heu erlaubt.*«

»Moment« – Jule faltet gerade die Servietten zu Bischofsmützen – »wann ihr die Ernte eingefahren habt – das bestimmte doch wohl nicht der Pfarrer? Oder etwa doch?« Sie kann sich nur mächtig wundern.

»Damals schon, Jule. Bei Nichtbeachtung beging man eine schwere Sünde. Später wurde die Sonn- und Feiertagsarbeit gesetzlich geregelt. Denk nur zum Beispiel an die Laster, die sonntags nicht fahren dürfen.«

Jule überlegt lange und nickt dann. »Ja, Oma. Das ist heute wohl alles ganz anders.« Sie seufzt und verstreut noch eine Handvoll goldener Dekosterne auf dem Tisch. Dann stellt sie drei Schalen mit Teelichtern in die Zwischenräume. »Sonntags schläft man lange, frühstückt dann ausgiebig und in die Kirche gehen die meisten auch nicht regelmäßig«, erzählt Jule schließlich. »Bei uns fällt das Mittagessen meistens aus. Nachmittags machen wir etwas gemeinsam oder jede allein mit ihren Freundinnen, so dass wir erst abends wieder zusammen sind. Manchmal fahren wir auch zu McDonald's oder zu einer Pizzeria.« Sie zögert. »Nein, wenn ich richtig überlege, machen wir das eher selten. Noch besser ist es natürlich, wenn wir bei Oma Irmgard oder bei euch zum Essen eingeladen sind. Aber Sonntagskleidung? Braucht man nicht. Fremdwort, Oma!« Sie tritt vom Tisch zurück und überprüft den gedeckten Tisch. »Fertig, Omi!«, ruft sie zufrieden. Dann fällt ihr der Rest ungefalteter Servietten auf. »Ich falte die trotzdem noch. Die kannst du sicher zu Weihnachten gut gebrauchen.«

»Danke, Jule. Gut mitgedacht!« Oma schaut sich die hübsch gefalteten Servietten an. Ihr fällt etwas ein. »Weißt du, Jule. Sonntagsnachmittags durften wir Kinder unsere weißen Spitzenschürzen umbinden. Und die mussten wenigstens bis halb vier Uhr sauber bleiben – falls sich Besuch angesagt hatte.«

»Der hoffentlich Süßigkeiten mitbrachte ...«

»Genau. Aber für drei Mädchen zusammen gab es höchstens eine einzige Tafel Schokolade. Dann hieß es, artig knicksen vor dem Besuch, sich bedanken und auf alle Fragen höflich antworten ... und dann –«

»– ran an den Kaffeetisch!« Jule setzt sich zu Oma.

»Denkste, Jule. Wir Kinder saßen nicht mit am Kaffeetisch! *Ihr geht jetzt erst mal spielen, ein Stück Topfkuchen reiche ich euch später durchs Fenster!*«

Jule grinst. »Ja, ja, Oma. Dann wart ihr wohl mal wieder nicht artig gewesen.« Sie lacht und wiederholt noch einmal ganz theatralisch – und mit spitzer Stimme – die Worte »nicht artig.« Fragend schaut sie Oma schließlich an. »Oder habt ihr etwa nicht die richtigen Antworten gegeben?«

Oma schüttelt den Kopf. »Wieder falsch kombiniert, Jule. Den Grund kannst du aber auch nicht einmal im Traum erraten. Es galt die Devise: *Kinder darf man wohl sehen, aber nicht hören.* Das hieß also ganz praktisch: Wir mussten aus dem Blickfeld verschwinden. Und weiter: *Kinder müssen nicht alles mitbekommen, was die Erwachsenen reden.«*

»Das Letzte kommt mir irgendwie bekannt vor!«, bestätigt Jule lautstark. Sie mustert den Tisch. »So, ganz fertig, Oma! Gefällt dir der Tisch? Die Christrosen stellst du sicher erst morgen dazu, damit sie im Warmen nicht schlapp machen?«

Oma nickt. Sie freut sich. »Danke, danke, Jule! Du hast mir viel Arbeit abgenommen. So muss ich mir nicht meine geschädigte Halswirbelsäule verrenken. Musst du denn jetzt schon weg?«

»Nein, Omi. Ich hab mich nur ein bisschen vom Weihnachtsstress anstecken lassen. Hattest du nicht Kroketten gekauft?«

Oma lacht. »Klar! Opa hat sie schon vorhin in den Ofen geschoben.«

»Ähm, Oma ...«, beginnt Jule, die es bekanntlich faustdick hinter den Ohren hat. »Wäre denn das Tischdecken und das Serviettenfalten am Sonntag früher auch eine Arbeit gewesen? Ich meine – eine richtige Arbeit, die der Pfarrer hätte genehmigen müssen?«

Oma schaut sie von der Seite an, schmunzelt und schweigt. Schließlich antwortet sie doch. »Jeden Tag eine gute Tat, Jule. Einer Oma kann man doch nicht zumuten, dass sie in letzter Minute an ihrem eigenen Geburtstag noch selbst den Tisch deckt –«

»– und dabei vor lauter Aufregung vielleicht noch das beste Geschirr zerdeppert«, ergänzt Opa, der gerade in der Wohnzimmertür erscheint und winkt. »Komm, Jule, deine Kroketten sind fertig.«

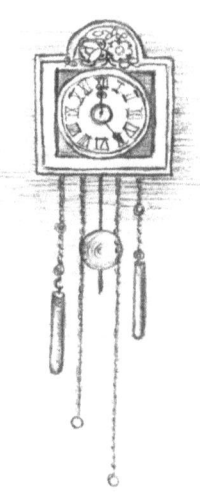

ZICK, ZACK, ZIGEUNERPACK?

In den Sommerferien streunen die Kinder aus Rüschendorf gerne durch alle Gärten, die umliegenden Wege und Felder. Dabei veranstalten sie wilde Hetzjagden und toben sich richtig aus. An diesen Spielen beteiligt sich alles, was zwei Beine hat – oder auch vier. Sally und Fibi, die beiden Terrier, natürlich eingeschlossen.

Charleen freut sich heute besonders, weil die Größeren – also Ida, Jule und Bene – auch noch mitmachen. Als Jule und Charleen endlich zum Abendbrot ins Haus kommen, meint Oma: »Jetzt seid ihr doch wohl ausgepowert, oder nicht?«

Dann fällt ihr Blick auf Charleens Füße. Charleen läuft, wenn es eben geht, den ganzen Sommer über barfuß. Jetzt sind ihre Füße sandig und verschmutzt, die Beine zerschrammt, das lange, blonde Haar zerzaust. Jule sieht nicht besser aus.

»Nö, wir haben nur Hunger«, lautet die einstimmige Antwort der Kinder. »Um acht Uhr geht's weiter. Wenn die Kleinen im Bett sind.«

»Aber *so* kommt ihr mir nicht an den Tisch, ihr Zigeuner«, erklärt Oma und weist Richtung Bad. Beide Mädchen machen sich auf, um sich die Hände zu waschen.

»Hast du eben ›Zigeuner‹ gesagt, Omi?«, ruft Jule laut aus dem Bad, sodass es durchs halbe Haus schallt. »Das wollte ich immer schon mal wissen – gibt es eigentlich noch richtige Zigeuner?«

Oma antwortet nicht sofort, denn Charleen ist als Erste mit dem Waschen fertig.

»Zigeuner, Zigeuner ...«, murmelt Charleen nachdenklich. »Kenn ich nicht.«

»Was stellst du dir denn unter einem Zigeuner vor?«, fragt Oma Jule, die jetzt auch aus dem Bad kommt.

Jule zuckt die Achseln. »Ich weiß nicht, Oma. Vielleicht Leute, die so rumziehen, von Ort zu Ort. So wie die Zirkusleute – nur ohne Tiere.«

»Sind das gute oder böse Menschen?«, will Charleen wissen. Sie sortiert schnell und möchte gern alles auf den Punkt gebracht haben.

Oma geht nicht sofort darauf ein. »Ich glaube, früher gab es mehr Zigeuner. Heute wird dieses Wort nicht mehr benutzt, weil es eine Missachtung dieser Bevölkerungsgruppe bedeutet.«

»Aber Zigeunerschnitzel gibt's immer noch«, wirft Charleen ein. »Die isst Opa Werner gern, steht auf jeder Speisekarte.«

»Stimmt«. Oma nickt. »Aber das ist auch keine echte Beleidigung oder ein Schimpfwort wie Zigeunerpack.« Oma überprüft den gedeckten Tisch und stellt noch die Abendbrötchen dazu. »Setzt euch doch bitte! Ich erzähle euch einmal, wie ich die Zigeuner nach dem Krieg erlebt hatte. Vorausschicken muss ich, dass im Krieg viele dieser umherziehenden Leute umgebracht wurden, weil sie aus den Balkanländern – also zum Beispiel aus Bulgarien oder Rumänien – stammten und als arbeitsscheu galten. Diese Vorurteile waren auch nach dem Krieg noch in vielen Köpfen verankert. Als Kind kannte ich allerdings diese Hintergründe nicht.«

Die beiden Mädchen setzen sich an den Küchentisch, spitzen die Ohren und Oma fährt fort.

»Also – einige Leute dachten immer noch so wie zu Hitlers Zeiten: Diese Menschen, die Zigeuner, sind minderwertig. Man sollte sie verjagen oder sogar ausrotten. Darum hatten es die Zigeuner sehr schwer zu überleben.«

»Das sind ja Horrorgeschichten, Oma«, meint Charleen bedrückt.

»Ja, aber so war es wirklich«, erklärt Jule ihrer Schwester. »Das wirst du auch noch in der Schule lernen. Darüber habe ich schon einiges gelesen.«

»Na gut – oder nicht gut.« Charleen scheint sich etwas unwohl bei dem ganzen Thema zu fühlen. »Erzähl weiter, Oma – aber nicht so was Schreckliches. Das will ich nicht hören.«

Oma beginnt nachdenklich. »Also gut. Als wir Kinder waren, kamen häufiger Zigeunerwagen, die von Pferden gezogen wurden, die Dorfstraße entlang. Für uns Kinder war das immer eine Attraktion, weil das Leben auf der Straße etwas Märchenhaftes oder auch Phantastisches an sich hatte. Meist lagerten die Zigeuner irgendwo am Waldrand, wo die Pferde Gras fanden. Alle Kinder von klein bis groß wurden im Laufe des Tages zum Betteln auf die umliegenden Höfe geschickt.«

»Habt ihr denen auch etwas gegeben?«, fragt Charleen.

»Klar. Die Kinder waren ja nicht bange, eigentlich eher dreist. Sie mussten sich jeden Tag alles Notwendige zum Überleben zusammenbetteln, darin hatten sie Übung und Erfahrung.

Habt ihr nicht Brot, Eier, Mehl, Zucker, ein Paar Schuhe?

Und so weiter.

Manche Leute dachten: *Wir geben denen lieber gleich ein Huhn, bevor sie uns in der Nacht noch ein Schaf klauen.*

Wir Dorfkinder wurden von den Erwachsenen dazu angehalten, uns nicht in die Nähe der Zigeuner zu begeben, weil die angeblich auch Kinder stahlen. Damit wurde manchen ungezogenen Kindern gerne gedroht: *Wartet nur, bis die Zigeuner kommen, die nehmen euch mit!*«

»Noch mal Horror!«, ruft Charleen erschrocken und verschüttet aus Versehen etwas Kakao. »Oma, Kindesentführung gibt's ja immer noch. Ich lass mich nie von Fremden anquatschen«, fährt sie aufgeregt fort.

Oma wischt die kleine Kakaopfütze weg und beruhigt Charleen. »In der Beziehung kannst du auch nicht vorsichtig genug sein. Das finde ich sehr gut von dir, Charleen.«

Jule möchte noch mehr wissen. »Wie sahen die Kinder denn aus?«

Oma betrachtet schmunzelnd ihre Enkelinnen, die mit sauberen Händen, aber sonst ziemlich zerzaust und verschmutzt am Tisch sitzen.

»Also, sie hatten einen dunkleren Teint als ihr. Dazu meistens Schnöttnasen, oft Locken, aber verfilztes dunkles Haar. Sie liefen im Sommer immer barfuß – wie ihr – und waren auch sonst ungewaschen – genau wie ihr.«

»Omi, *was* sagst du da?« Charleen droht Oma spielerisch mit dem Finger.

»Na ja, dann sage ich mal«, korrigiert sich Oma, »wie ihr *manchmal* in den Sommerferien. Wie die Zigeunerfrauen aussahen, wird euch sicher mehr interessieren. Also, sie trugen bunte lange Röcke und Kopftücher, meistens auffallenden Goldschmuck: lange Ohrringe und glitzernde Ketten.

Einige besonders mutige Jungen aus dem Dorf wollten die Zigeuner eines Nachmittags heimlich ausspionieren, weil sie neugierig darauf waren, was sich am Waldrand so alles abspielte. Es gab nämlich viele Spekulationen und offene Fragen:

Können so viele Menschen und Hunde tatsächlich in einem einzigen Wagen schlafen? Binden sie die Hühner, die sie dabei haben, wirklich mit Schnüren am Wagen fest? Was braten oder kochen sie draußen auf dem Rost? Essen sie vielleicht Hunde- oder Rattenfleisch?

»Und? Haben die Jungs was herausgefunden?«

Oma schüttelt den Kopf. »Nein, nichts Spektakuläres. Die Frauen haben die Wäsche in einer Blechwanne gewaschen und sie dann auf einem Stacheldraht bei der Wiese aufgehängt. Und die Männer haben ein Wagenrad repariert.«

»Also waren die Zigeuner nur moderne Camper?« Jule lacht, weil sie sich das Ganze – wie so oft – gerade sehr genau in ihrer Phantasie ausmalt.

Oma aber schüttelt den Kopf. »Camper? Nein, in keinster Weise, Jule. Die Zigeuner hatten ja nur diesen einen Wagen – ohne Innenausstattung. Die Frauen besaßen allerdings Goldschmuck, wie ich schon sagte, den sie auch täglich umlegten: Ketten, Ohrringe und Armreifen. Diese Schmuckstücke waren das einzig Wertvolle, was sie besaßen, sozusagen eine Reserve für Notzeiten. Und im Gegensatz zu den Campern waren die Zigeuner nicht im Urlaub. Sie hatten keine Heimat und blieben nie lange am selben Ort. Die Männer hatten keinen Beruf erlernt, vielleicht waren einige von Natur aus etwas musikalisch und konnten auf dem Schifferklavier spielen oder auf der Geige. Sie lebten – wie man so schön sagt – von der Hand in den Mund, einfach wahre Überlebenskünstler.« Oma denkt kurz nach. »Ich muss im Nachhinein sagen, dass mir diese Art zu leben sehr imponiert hat.«

»Ja. Irgendwie ein tolles Leben, wenn man machen kann, was man will«, meint Jule schließlich.

Oma schenkt den beiden Mädchen noch etwas Kakao nach. »Ihr werdet es bestimmt nicht glauben«, erzählt sie weiter, »aber ich habe einmal sogar überlegt, wie es wäre, wegzulaufen und mit den Zigeunern fortzuziehen.«

Charleen ist wieder ganz erschrocken. »Oma, bist du noch gescheit? Wie hast du dir das denn vorgestellt?«

Oma schmunzelt. »Tja. Ich habe mir wohl gar nichts vorgestellt. Weder einen kalten Winter, noch dazu die Armut. Damals war ich noch zu klein, Charleen. Ich glaube, es war im ersten Schuljahr – da wollte ich einfach nur frei sein. Nicht gehorchen müssen, richtig schön frech sein, rumschnauzen, Widerworte geben, im Sommer unter freiem Himmel schlafen, in der noch unbekannten Welt herumkommen, an ganz verschiedenen Orten sein, nicht zur Schule gehen und keine Schularbeiten machen.«

Jule runzelt skeptisch die Stirn. »Ich habe das anders in Erinnerung. Als wir in der Grundschule waren, mussten alle Schaustellerkinder – ich weiß nicht, ob man die als Zigeuner bezeichnen darf – die Schule besuchen. Meistens waren sie dann so eine Woche lang da.«

»Oma, wie kamst du überhaupt auf so verrückte Gedanken?«, fragt Charleen noch einmal nach.

Oma zuckt die Achseln. »Ich glaube, das war ganz normal. Alle Kinder träumen mal davon wegzulaufen, in einer anderen Welt zu leben, aus Trotz gegenüber den Erwachsenen. Na, seid ehrlich, habt ihr nicht auch schon mal solche Hirngespinste gehabt?«

Jule nickt, aber Charleen beteuert: »Ich würde nie weglaufen. Ich würde ja vor lauter Panik umkommen. Nein, dann verkriech ich mich lieber in meinem Zimmer, wenn ich wütend bin.«

Das kennt Oma nur zu gut. Deshalb lenkt sie das Gespräch in andere Bahnen. »Kennt ihr eigentlich das alte Volkslied: ›Lustig ist das Zigeunerleben?‹ Nein? Dann singe ich's euch mal vor:

Lustig ist das Zigeunerleben!
Faria, faria, ho.
Brauchen dem Kaiser kein Zins zu geben.
Faria, faria, ho.
Lustig ist es im grünen Wald,
wo des Zigeuners Aufenthalt.
Schon summt Jule mit.
Faria, faria, faria, faria,

faria, faria, ho!«

»Irgendwie kommt mir die Melodie bekannt vor«, erklärt Jule. »Aber was bedeutet der Vers: ›Brauchen dem Kaiser kein Zins zu geben –?‹«

»Das wollte ich auch gerade fragen«, fällt Charleen Jule ins Wort. »*Kaiser*, sagst du, Omi? Gab's in Deutschland denn mal einen Kaiser? Mit einem Kaiserpalast? Toll! Burgen und Paläste schocken total! Und wo war das ...? Warte! Sicher in der Hauptstadt. In Berlin. Oder?«

»Klar, in Berlin.« Oma nickt.

»Dann muss ich da unbedingt mal hin«, meint Charleen verzückt. »Ich hab noch nie einen Kaiserpalast gesehen!« Sie ist vor Begeisterung kaum zu bremsen.

»Aber leider gibt es den Kaiserpalast in Berlin nicht mehr, Charleen.«

»Der wurde sicher im letzten Krieg zerstört?«, folgert Jule.

»Genau. Schwer beschädigt und später abgerissen.«

»Und warum mussten die Leute damals dem Kaiser Zinsen zahlen?«, hakt Charleen nach.

»Also – damals mussten die Untertanen ihrem Herrn, dem Kaiser, Abgaben entrichten – so wie wir heute an den Staat Steuern zahlen. Die Zigeuner ohne Besitz und Beruf waren von allen Abgaben – eben dem Zins – befreit.«

»Oma, soviel habe ich jetzt kapiert – die Bezeichnung Zigeuner ist heute ein Schimpfwort«, erklärt Charleen.

»Genau. Das ist ähnlich wie mit dem Gebrauch des Wortes Neger. Heute sagt man Schwarze.«

Charleen runzelt die Stirn. »Nigger, ja«, erklärt sie nachdenklich, »das habe ich schon mal gehört. Das ist ein ganz schlimmes Schimpfwort. Kommt manchmal in brutalen Filmen vor. Aber Neger darf man heute auch nicht mehr sagen, Omi?«

Oma nickt. »Das kann ich euch ganz konkret an einem Beispiel erklären. Früher stand an der Weihnachtskrippe in jeder katholischen Kirche ein sogenannter Nickneger ...«

»Nickneger? Hä?«, fragen Jule und Charleen wie aus einem Mund. »Was soll das denn sein?«

»Das war ein schwarzer Junge, der vor einer Spardose saß, deren Inhalt für die Mission in Afrika gedacht war. Also Geld für die Missionare, die den Schwarzen den christlichen Glauben bringen sollten. Wenn man eine Münze in den Schlitz der Spardose warf, dann nickte der Kleine zum Dank. Deshalb wollten natürlich besonders Kinder den Jungen nicken sehen. Weil das eben lustig war.« Und dann fügt Oma nachdenklich, aber bestimmt hinzu: »Die Erwachsenen haben nicht darüber nachgedacht, dass dieses Nicken vor uns – den Weißen – nichts anderes war als eine Verbeugung. Aber keine Verbeugung aus Respekt unter Gleichgestellten, sondern eine Verbeugung, wie sie früher ein Herr von seinem Diener einforderte. Durch diese Geste des Nicknegers wurden alle schwarzen Menschen abgewertet und diskriminiert.«

Charleen schüttelt energisch den Kopf. »Das versteh ich nicht, das ist mir zu hoch. Das muss du mir anders erklären, Oma.«

»Pass auf, Charleen! Wenn ich dir zum Beispiel sagen würde, dass du – ja du! –, dass du also weniger wert bist als Jule ...«

Charleen denkt keinen Moment darüber nach. Scheinbar wütend springt sie auf und baut sich drohend vor Oma auf. Sie hat Omas Vergleich nicht wirklich ernst genommen.

»Nimm das sofort wieder zurück, Omi. Oder ich erwürge dich!«

Oma will sie gerade besänftigend in den Arm nehmen, da schellt es. Die Zehn-Plus-Bande, also alle, die älter als zehn sind, steht vor der Tür.

»Na, was wollt ihr denn heute Abend noch so anstellen?«, fragt Oma lächelnd.

»Wird nicht verraten.«

Damit hat Oma auch sowieso nicht gerechnet.

DIE LIEBE IN ZEITEN DES KARUSSELLS

Oma und Opa fahren mit ihrem E-Bike nach Rüschendorf. Es ist ein lauer Herbsttag. Die Getreidefelder sind abgeerntet. Nur der Mais steht in voller Größe am Wegesrand, fast zwei Meter hohe, stämmige Pflanzen.

Oma lässt den Blick schweifen. Sonnenblumen lehnen am Zaun in den Vorgärten. Die Hortensien sind ganz aufgeblüht und leuchten in mattem Blau und Rosa. Opa hält kurz am Wegesrand an, um für Lucas Kaninchen Löwenzahnblätter zu pflücken.

»Das wird morgen wohl ein schönes Kirmeswetter«, meint Oma.

Fünf Minuten später sind sie im Kräutergarten 71 angekommen. Dort aber treffen sie nur Jule, Charleen und Vater Martin draußen an.

»Hi«, begrüßt Opa die kleine Gesellschaft und lässt sich erschöpft auf einen bequemen Terrassenstuhl sinken. »Bin ich froh, dass wir hier sind«, stöhnt er. »Dann kann ich endlich das schwere Portemonnaie in meiner Hosentasche etwas leichter machen.« Er holt die Geldbörse heraus und verteilt ein paar Scheine an Jule und Charleen, gestaffelt nach Alter. »Kirmesgeld!«, lautet sein knapper Kommentar.

»Und ich, Vadder?«, fragt Martin scheinbar empört. »So geht das nicht! Ich armer Schlucker muss immerhin vier Frauen unterhalten. Übrigens, das ist auch zu viel Geld, was ihr da für die Kirmes spendiert. So viel haben *wir* früher als Kinder nicht bekommen.«

»Stimmt«, meint Oma. »Und wir – ganz früher – haben noch viel weniger bekommen.«

»Ihr bekamt – soviel ich weiß – kein Taschengeld, nicht wahr? Habt ihr denn wenigstens Kirmesgeld gekriegt?«, fragt Charleen.

»Doch, daran erinnere ich mich genau.« Oma nickt. »Zwei D-Mark. Das entspricht ungefähr einem Euro heute.«

»Oma, dafür kriegt man ja nichts – höchstens auf dem Flohmarkt. Und irgendeine Attraktion kann man sich schon gar nicht leisten. Einmal Autoscooter fahren kostet ja schon drei Euro.«

»Weißt du, Charleen«, gibt Oma zu bedenken, »früher konnte man für zwei D-Mark schon noch etwas bekommen. Einmal Karussell fahren kostete nur zwanzig Pfennig. Autoscooter waren noch nicht erfunden. Das einzige Fahrgeschäft war eben das traditionelle Karussell, so eins wie das, welches wir neulich im Museumsdorf in Cloppenburg gesehen haben. Das lief ja auch noch.«

»Du meinst das mit den großen und kleinen Pferden und der Bimmel?«

Oma nickt.

»Ich fand es irgendwie geil, auf dem großen Pferd zu sitzen und euch gnädig zuzuwinken, so wie eine Prinzessin.« Charleen erinnert sich genau.

»Das Karussell mit den Pferden war früher die Hauptattraktion auf jeder Kirmes. Auf größeren Plätzen, wie in Cloppenburg zum Beispiel, gab es dann dazu auf dem Jahrmarkt noch meistens ein Kettenkarussell und eine Schiffschaukel.«

»Kettenkarussell und Schiffschaukel? Wie sahen die denn aus?«

»Beim Kettenkarussell von früher waren Einzelsitze mit Ketten an einem schönen Drehkreuz festgemacht. In Bewegung schwangen die Sitze mit dem Fahrgast nach außen. Die Sitze waren natürlich gesichert, man war sozusagen angeschnallt. Aber man hatte das irre Gefühl, schwerelos durch die Luft zu fliegen.«

»Stopp, Oma«, ruft Jule dazwischen, »in so einem Karussell war ich mal alleine drin, als wir im Holiday-Park waren. Die anderen haben sich nicht getraut.« Sie denkt kurz nach. »Ich glaube, das nennt sich heute – warte: Star ... ja Starflyer. Aber die Schiffschaukeln, die gibt's wohl nicht mehr?«

Oma nickt.

»Und wie funktionierten die?«

»Die Schaukeln, die aussahen wie kleine Schiffe, hingen an einer Stahlkonstruktion, also nicht an Ketten. Man musste sie mit Muskelkraft vor- und zurückbewegen.«

»Dann war das wohl eher was für Jungs?«

Oma schüttelt den Kopf. »Nein, nicht unbedingt. Es gab ja auch starke Mädchen.«

»Du meinst – so wie du, Oma?« Charleen runzelt ungläubig die Stirn. »Groß warst du ja wohl, aber warst du auch kräftig ...?«

Oma schmunzelt. »Du wirst es nicht glauben, Charleen, aber ich bin überhaupt nie in irgendein Karussell gestiegen.«

»Selbst auf der Kirmes hast du gespart? Hä?« Jule ist ziemlich irritiert.

Oma lacht. »Nein, aufsparen wollte ich die kleine Summe bestimmt nicht. Schließlich hatte ich mich lange vorher auf das Geldausgeben gefreut. Aber das Karussell fahren war nicht mein Ding. Mir wurde so schnell schwindelig dabei, leider.« Oma denkt nach. »Vielleicht waren diese Schwindelgefühle auch die Folge einer unbehandelten Gehirnerschütterung. Ich bin nämlich früher einmal auf dem Eis gestürzt – und einmal von der Turnstange bei der Schule gefallen. Jedes Mal war ich bewusstlos.«

»Aber sonst kann man ja nicht gerade behaupten, dass Oma auf den Kopf gefallen ist!«, bemerkt Opa schelmisch.

Oma wirft ihm einen vielsagenden Blick zu, fährt aber dann unbeirrt fort. »Also, ich stieg auf kein Karussell, schaute immer nur zu.« Sie schaut lange in die Runde und seufzt schließlich. »Und so konnte ich auf der Kirmes leider nie erfahren, welche Jungs in mich verliebt waren.«

»Oh, warum das denn?« Jule ist ganz Ohr. »Das muss ich hören. Was machten denn verliebte Boys auf dem Karussell?«

Oma rückt sich in ihrem Stuhl zurecht. »Pass auf, Jule. Auf dem klassischen Karussell gab es noch ein zweites, kleines Karussell, die sogenannte Kaffeemühle. Diese Kaffeemühle konnte man um die eigene Achse drehen. Das Gerät kennt ihr sicher noch vom Spielplatz. Waren zum Beispiel zwei Mädchen in die Kaffeemühle eingestiegen, sprangen kurz vor dem Start noch schnell die Jungs auf, die diese Mädchen mochten. Sie drehten dann die Kaffeemühle so doll, wie sie konnten. Natürlich kreischten nicht nur die herumgewirbelten Mädchen, sondern auch die aufmerksamen Zuschauer. Wenn sich der Vorgang mit denselben Personen wiederholte, wusste man Bescheid, also man wusste, wer wen liebte. Noch offensichtlicher wurde das Verknalltsein, wenn ein Mädchen zu einer Fahrt mit der Schiffschaukel eingeladen wurde, dann konnte man die Paare eindeutig zuordnen.«

»Arme Omi – no risk, no fun!« Jule wirft Oma einen bedauernden Blick zu.

»Gib nicht immer so an mit deinem Englisch, Jule«, meint Charleen. »Was das auf Deutsch heißt, das schnall ich nämlich auch noch: kein Risiko, kein Spaß!«

»Schön gesagt, Charleen«, lobt Oma ihre jüngste Enkelin. Dann wendet sie sich an Jule. »Sag mal, Jule: no risk – no fun ... Hast du diesen Grundsatz etwa schon ausprobiert?«

Jule schweigt einen Moment. Dann antwortet sie schlagfertig: »Nur im Schwimmbad, Omi. Also, wenn ich vom Dreier springe. Aber du meinst sicher, ob ich schon ausprobiert habe, wie ich ankomme? Klar, da gibt es viele geheime Tricks.«

Oma schmunzelt. »Aha, dann könnte ich von dir vielleicht noch etwas lernen? Aber in meinem Alter ... Als ich so alt war wie du, hatte meine älteste Schwester Irmgard viel mehr Chancen als ich ...«

»Und dann warst du eifersüchtig?«, fragt Charleen.

»Nö, ich habe ihr das gegönnt«, meint Oma ganz entspannt. »Ich war daran gewöhnt, denn Irmgard war viel hübscher als ich. Auf der Kirmes war ich meistens damit beschäftigt, auszurechnen, was ich mir an Süßigkeiten leisten konnte.«

»Was gab's denn so an Buden?«, fragt Jule. »Und zu essen? Pommes und Bratwurst – schätze ich – gab's noch nicht?«

»Genau. Eis auch nicht. Aber die klassischen Süßigkeiten – Zuckerstangen, gebrannte Mandeln, Karamellbonbons – die gab es schon und die gibt es ja immer noch. Natürlich auch die Lebkuchenherzen mit der Aufschrift ›Ich liebe dich‹.«

»Die konnten sich doch sicher nur Erwachsene leisten«, folgert Charleen.

»Richtig. Oh, ich habe noch die Los- und Schießbude vergessen. Jeder verliebte Bräutigam schoss seiner Braut wenigstens eine rote Rose, die sie sich dann stolz an die Bluse steckte.«

Jule denkt nach. »Ich glaub, Losbuden, die gibt's auch nicht mehr so oft. Hast du denn mal was gewonnen?«

»Hab ich! Sogar den Hauptgewinn. Auf dem kleinen aufgerollten Zettel stand ›Freie Auswahl‹.«

»Krass! Ich krieg immer nur Nieten.« Charleen grinst aber dabei, es scheint ihr nicht viel auszumachen. »Und? Was hast du dir ausgesucht?«, fragt sie nach. »Einen Riesenteddy? Eine schöne Puppe?«

Oma nickt. »Ja, diese Spielsachen standen schon zur Auswahl. Nach langer Überlegung fiel meine Wahl aber auf einen Eimer voll Süßigkeiten. Oben schauten nämlich Pralinen und Zuckerstangen heraus. Und Süßigkeiten liebte ich über alles.«

»So wie Jule und Luca. Vor denen muss man auch alles verstecken«, bemerkt Charleen spitz.

Oma geht nicht darauf ein, sondern erzählt weiter. »Aber so toll war meine Wahl dann doch nicht ausgefallen. Als ich den Eimer in der Hand hatte und die Pralinen hochnahm, waren darunter nur ein paar Stangen Sahnebonbons und eine Menge Holzwolle.«

»Fies!«, ruft Charleen empört. »Das war ja Betrug! Hast du dich nicht sofort beschwert?«

Oma schüttelt den Kopf. »I wo, ich war trotzdem selig über diesen Hauptgewinn. Zu Hause wurden die Bonbons ehrlich geteilt, die Pralinen aufgehoben und den Eimer konnte Mutter in der Waschküche gebrauchen.«

»Und die Holzwolle?«, fragt Jule der Vollständigkeit halber.

»Auch darauf gibt's 'ne Antwort. Was glaubst du?«

Jule zuckt die Achseln. »Keine Ahnung. Spielen kann man damit wohl nicht. Also, Omi – spuck's schon aus ...«

»Die Holzwolle kam unten in den Eierkorb.«

»Zum Eiersuchen?«

»Ja, auch. Aber vorwiegend als Polsterung für den Eiertransport zum Kaufmann. Dort konnte man ja nicht mit Rühreiern einkaufen gehen. Du erinnerst dich sicher noch, Jule: Für zwanzig Eier bekamen wir einen ganzen Roggenstuten, also ein Roggenbrot.«

Charleen staunt. »Ihr konntet eben alles gebrauchen und habt nichts weggeworfen!«

Oma nickt.

»Um das Thema Kirmesgeld mal abzuschließen«, meldet sich Opa schließlich zu Wort. »Wir bekamen zwar etwas mehr Geld als Oma und ihre Schwestern – und zwar von unserer Oma, die damals noch lebte. Aber der Betrag, der von der Kirmes übrig geblieben war – der also nicht ausgegeben worden war –, der wurde zu Hause von unserem Vater verdoppelt.«

Charleen rechnet still vor sich hin. »Okay. Sehr gute Idee, Opa!«, sagt sie schließlich hocherfreut. »Dann kommt das Kirmesgeld jetzt sofort in meine Spardose. Und du – ja du, Papa – du kannst mir gleich fünfzehn ... Moment, ja genau fünfzehn Euro ausbezahlen. Kapito? Da biste sprachlos, was? Na, guck nicht so wie'n kaputtes Auto!«

DIE ROGGENMUHME

Die Meyers aus Rüschendorf sind braungebrannt von den Kanaren zurückgekehrt. Am Nachmittag trinkt man Kaffee auf der Terrasse am Grünen Weg in Damme. Jule und Charleen schlecken ein Eis. Fibi und Sally sitzen lauernd daneben, in der Hoffnung, dass ein paar Krümel für sie abfallen könnten. Die beiden Terrier waren eine Woche lang bei Oma und Opa in »Pension«. Urlaubserlebnisse von den Kanaren werden erzählt.

»Eigentlich war alles gut«, meint Charleen und schleckt an ihrem Eis. »Besonders der Strand mit den hohen Wellen. Aber Brot und Brötchen schmecken mir hier viel besser.«

»Das habe ich auch heute Morgen gedacht, als ich endlich wieder mein Käsebrötchen essen konnte«, wirft Jule ein.

»– und ich mein Mehrkorn!«

»– und ich mein Weltmeister!«

»– und ich mein Schoko–Croissant!«

So lauten die Kommentare der anderen Familienmitglieder. Alle lachen, denn sie wissen, es ist nicht ganz ernst gemeint.

»Ja, ja, wir Deutschen sind wohl die Weltmeister im Backen«, meint Opa und schmunzelt. »Mit den zig Sorten Brot und Brötchen. Aber das war nicht immer so. Nach dem Krieg gab es nur drei Sorten Brot. Und überhaupt keine Brötchen.« Er seufzt. »Wie anspruchsvoll die Menschen doch geworden sind.«

»Wieso ›anspruchsvoll‹, Opa?«, fragt Jule keck. »Das Angebot ist doch da. Wir wissen ja schließlich nicht, was es früher alles gab – oder nicht gab. Wie können wir da anspruchsvoll sein?«

Vater Martin lächelt trocken. »Ja, Vadder. Das hat man nun davon, wenn man seine Enkelkinder zu logischem Denken erzieht.«

Jule aber lässt sich nicht ablenken. Sie hat noch eine Frage in petto. »War das Brot früher denn besser, Opa? Meintest du das? Oder gesünder?«

Opa zuckt die Achseln. »Ich weiß nur, dass es nicht so viele Zusatzstoffe enthielt – wie heutzutage zum Beispiel die Aufbackbrötchen.«

Jule wendet sich an Oma. »Oma, du hast doch mal erzählt, dass du für zwanzig Eier einen Laib Brot bekommen hast – schönes Tauschgeschäft übrigens, Respekt. Was für ein Brot war das noch mal genau?« Sie beugt sich nieder und lässt Fibi den Eisstängel ablecken.

»Gut gespeichert, Jule. Was für ein Brot das war? Das war ein Roggenstuten.« Oma denkt kurz nach. »Dann gab es noch den Weizenstuten für sonntags. Und das große fünf Kilo schwere Schwarzbrot, das verhältnismäßig billig war. Auf jede Stutenschnitte wurde deshalb eine Schwarzbrotschnitte geklappt.«

Charleen verzieht angeekelt den Mund. »Warum das denn? Schmeckte das denn überhaupt?« Auch sie hat ihr Eis aufgeschleckt. Jetzt nimmt sie Sally auf den Schoß.

»Das Brot sollte in erster Linie satt machen«, erklärt Oma ihrer Enkelin. »Brot war und ist kostbar – und wurde niemals weggeworfen.«

Jule grinst. »Na Oma, da hättest du mal einige Gäste bei uns im Hotel beim Frühstück sehen sollen! Laden sich den Teller voll mit Brötchen und Broten – und hinterher geht die Hälfte davon zurück. Oder in die Tonne! War ja eben alles all inclusive ...«

»Altes Brot mag ich aber auch nicht«, bemerkt Charleen zu dem Thema. »Das muss ich schon toasten, sonst schmeckt es mir nicht.«

»Nun, ich habe dazu einmal einen sehr guten Spruch gelesen«, fährt Oma fort. »Der ist mir im Gedächtnis geblieben. Er stand auf einem Schild vor einer Bäckerei auf Langeoog und lautete wie folgt: ›Altes Brot ist nicht hart. Kein Brot, das ist hart.‹ Diesen Spruch habe ich oft in der Schule zitiert, wenn mir auffiel, dass wieder einmal Schulbrote im Mülleimer gelandet waren.«

Jule schmunzelt. »Omi macht mal wieder voll auf Lehrerin. Aber sag mal, Oma, was konnte man denn überhaupt mit altem Brot noch anstellen? Toasten?« Dann fasst sie sich mit einer Geste gespielter Trotteligkeit an den Kopf. »Ach nein, ist ja klar – Toaster gab's natürlich früher auch nicht ...«

»Natürlich nicht, Jule«, sagt Oma schmunzelnd. »Aber man konnte das alte Brot in der Pfanne mit etwas Butter anbraten. Und dann mit Zucker bestreuen. Das schmeckte sehr lecker. Richtig hartes Brot kam in die Milchsuppe. Seltener war es Restefutter für Katzen, Hunde, Schweine oder Hühner. Und die Pferde bekamen immer zur Vesperzeit auf dem Acker ein Stück Schwarzbrot als Belohnung für ihre schwere Arbeit – als Leckerli, würdet ihr heute sagen.«

Oma räumt den Tisch ab und die anderen unterhalten sich weiter über den Urlaub.

»Sagt mal«, fragt Oma, als sie zurückkehrt, »ihr hört doch gerne Geschichten, oder ...?«

Jule und Charleen nicken.

»Kennt ihr eigentlich die Sage von der Roggenmuhme?«

»Ist das etwa ein Roggengespenst?«, fragt Charleen ganz spontan.

»Bingo, Charleen. Du hast es erraten.« Oma nickt anerkennend und Charleen grinst stolz.

»Dann hört mal zu«, sagt Oma. »Das Gedicht von der Roggenmuhme kann ich nämlich noch auswendig. Ich habe es in der Schule immer vorgetragen, wenn wir auf einem Unterrichtsgang waren und einige wilde Kinder achtlos in die Kornfelder rennen wollten.«

Verhalten beginnt Oma in ihrem Lehrerinnenton:

»Lass steh'n die Blume!
Geh nicht ins Korn!
Die Roggenmuhme
zieht um da vorn!«

Oma senkt die Stimme und begleitet die folgenden Zeilen mit Mimik und Gestik:

»Bald duckt sie nieder,
bald guckt sie wieder.«

Jetzt hebt Oma mahnend den Zeigefinger und blickt böse in die Runde:

»Sie wird die Kinder fangen,
die dort nach Blumen langen.«

Ein Moment ist Pause, denn niemand weiß, ob das schon das Ende des Gedichts ist.

»Oh, dann verstecken sich im Korn also böse Geister und Dämonen?«, fragt Jule schließlich. Es klingt allerdings nicht im Geringsten so, als würde sie sich davor fürchten. Sie dreht sich zu Charleen um, zieht eine schreckliche Grimasse und formt ihre Hände zu Krallen. »Huh, huh! Das wäre doch mal jetzt im Sommer ein tolles Spiel, wenn die Kleinen immer ins Korn laufen. *Achtung, hier kommt die Roggenmuhme!*«

»Mann, Jule«, erwidert Charleen erbost, »nimm Oma doch mal ernst. Sonnenklar, du möchtest der Dämon sein und die Kleinen erschrecken. Aber dann müsstet du ja als Erste ins Korn laufen und würdest selbst auch viele Halme runtertrampeln ... ist doch logisch, oder?« Charleen schnappt nach Luft. »Und übrigens – auf unserem Feld hinter der Siedlung wird fast immer nur Mais angebaut. Überhaupt kein Roggen.«

Dieser folgerichtigen Erklärung hat Jule ausnahmsweise einmal nichts entgegenzusetzen. Aber das Thema »Brot« hat sie immer noch nicht losgelassen.

»Oma«, fragt sie nach einer Weile. »Als ihr Kinder wart – das hast du mir mal erzählt –, da habt ihr doch eine Zeitlang Lebensmittelkarten bekommen. Weil die Lebensmittel rationiert waren –«

»– rationiert?«, fragt Charleen dazwischen.

»Ähm – irgendwie so ... *begrenzt*«, erklärt Jule. »Es gab halt nicht viel zu essen. Aber egal. Also, dann gab's wahrscheinlich auch nicht genug Brot, schätze ich mal. Weil auch das Mehl rationiert war?«

Oma nickt. »Sehr richtig, Jule. Zur Not allerdings, wenn Mutter einmal ausnahmsweise genug Mehl hatte, konnte sie zwar einen ganzen Stuten backen – allerdings benötigte sie das Mehl vorrangig für die Pfannkuchen am Morgen. So ein Pfannkuchen mit Speck sättigt sehr gut, wisst ihr? Das Sättigungsgefühl hält den ganzen Vormittag lang an, länger als ein Butterbrot.«

»Igitt – ich höre immer nur ›Speck‹. Echt eklig«, bemerkt Charleen.

»Warum das denn?«, schaltet sich Opa ein. Opa ist Experte für all die Dinge, die Kinder von heute nicht essen mögen – wie Schweinepfötchen oder Rübeneintopf. »Ein Schwarzbrot mit Speck«, fährt Opa fort, »besonders zur Vesperzeit, das habe ich sehr gern gegessen. Na ja, heute muss ich drauf verzichten, wegen der Kalorien. Aber früher war das eine gute Kombination. Das schmeckte sogar ohne Sanella-Aufstrich ...«

»Sanella?«, fragt Jule. »Ist das nicht eine Margarine-Sorte? Ich dachte, ihr hättet immer nur Butter drauf gehabt?«

Opa nickt. »Hatten wir auch – zunächst. Aber als die erste Margarine aufkam, war die natürlich billiger. Auch zum Braten.«

»Die Marke Sanella hat sich übrigens sehr lange gehalten«, erklärt Charleen plötzlich in einem wissenden Tonfall. Alle schauen sie erstaunt an. »Bis heute«, fährt Charleen ungerührt fort.

»Woher weißt du das?«, will Jule wissen.

»Weil Mama neulich noch auf ihren Einkaufszettel ›Sanella‹ geschrieben hat«, erklärt Charleen.

»Aber heute sieht diese Margarine viel appetitanregender aus als damals«, ergänzt Oma. »Und sie schmeckt auch viel besser.«

Alle horchen auf, als Opa aus heiterem Himmel zu singen anfängt:

»Ei, ei, ei, Sanella,
Sanella auf dem Teller.
Wenn Sanella ranzig wird,
dann kommt sie in den Keller.
Kaum ist die Kellertüre zu,
hat Sanella keine Ruh',
denn die Mäuse beißen zu.«

Jule amüsiert sich köstlich. »Sanella und Teller? Besch... eidener Reim!« Dann runzelt sie die Stirn. »Entschuldige, Opa, aber ›ranzig‹? Der Ausdruck ist in meinem Wortschatz nicht präsent.«

»Kein Wunder, ihr habt ja auch einen Kühlschrank. Da wird die Margarine sicher nicht ranzig. Aber bei normaler Zimmertemperatur – durch die Verbindung mit Sauerstoff – trocknet die Oberfläche sehr schnell aus. Sie nimmt eine andere Farbe und einen anderen Geschmack an oder beginnt zu schimmeln.«

»Schimmel. Igitt.« Charleen schüttelt sich. »Schon wieder so was Ekliges!»

»Um das Thema mal abzuschließen«, greift Oma schließlich ein, »wir hatten immer genug Brot – also satt Brot.«

»Aber Oma«, widerspricht Charleen. »Du hast doch eben gesagt, dass ... da waren doch diese Lebensmittelmarken ... und ihr hattet kein Mehl ...«

»Pass auf, Charleen. Wir hatten einen Nachbarn, der war Bäcker ...«

Jule erklärt ihrer jüngeren Schwester, was sie aus Omas Erzählungen noch gespeichert hat. »Der Bäcker hatte einen lustigen Namen – Gottfried –, der war aber gar nicht so friedlich, glaub mir. Den konnte man ganz schnell auf die Palme bringen. Dann brüllte er los. Und mit seiner Frau verstand er sich auch nicht. Und zu Weihnachten gab's auch nichts, und –«

»Stopp, Jule«, unterbricht Oma ihre Enkelin. »Das reicht. Der ›böse‹ Gottfried, ja. Nach außen gab er sich so, warum auch immer. Aber er hatte einen guten Kern.«

Jule zieht die Stirn kraus. »So ein Miesepeter? Na, da bin ich aber sehr gespannt.«

Oma holt tief Luft. »Wartet mal, da muss ich etwas ausholen. Also – es muss im Frühjahr 1945 gewesen sein. Die deutschen Soldaten waren sowohl von der West- als auch von der Ostfront her zurückgedrängt worden. Der Krieg galt als verloren, aber die Soldaten mussten befehlsgemäß immer weiter kämpfen – und jede noch so aussichtslose Stellung verteidigen. Jeden Tag erreichten unser Dorf neue Todesnachrichten von gefallenen Soldaten. Dazu müsst ihr wissen, dass der Pfarrer in der Regel diese traurigen Nachrichten den Angehörigen überbrachte.

Unser Nachbar Gottfried hielt, wie ich schon einmal erzählt habe, seinen jüngsten Sohn, der von der Truppe geflohen war, zu

Hause versteckt. Aber seine beiden anderen Söhne waren noch im ›Feld‹, wie man damals sagte. Das heißt, Gottfried wusste nicht, wo sie sich überhaupt aufhielten und ob sie noch am Leben waren. Vielleicht hat er eines Nachmittags dann gesehen, dass der Pfarrer mit dem Fahrrad die Landstraße entlangkam, Gott sei Dank aber nicht bei ihm einkehrte, dann aber bei *uns* auf den Hof einbog ... Da wusste er natürlich sofort Bescheid. Unser Vater würde nicht wiederkommen. Das war ein schrecklicher Schicksalsschlag. Mutter musste allein mit dem Hof und drei kleinen Kindern klarkommen.

Wenn Gottfried als Vater auch wohl ein Stein vom Herzen fiel, so war ihm unser Schicksal sicher nicht egal. Mutter erzählte immer Folgendes: Am Abend dieses überaus traurigen Tages, als alle lange im Wohnzimmer versammelt waren, hätte Gottfried – ohne anzuklopfen – plötzlich in der Tür gestanden und nur den einen Satz gesagt: *Brot sollt ihr immer satt haben, auch ohne Karten.*«

Nach einer Weile fügt Oma nachdenklich an: »Und Gottfried hat sein Wort gehalten. Wir bekamen auch ohne Lebensmittelkarten Brot, wenn wir es brauchten. Einfach so. Geschenkt.«

»So, Mädels, auf, auf! Wir müssen wirklich noch Brot für heute Abend besorgen, bevor wir gleich nach Hause fahren«, meint Vater Martin und steht auf. Dieses Stichwort verstehen auch Sally und Fibi sofort und pesen zum Gartentor.

»Unser Brot ist während der Urlaubszeit wirklich hart geworden«, meint Charleen erklären zu müssen, »wir hätten es besser einfrieren sollen. Dann kriegen es eben unsere Hühner. Pipsi und Ugli werden sich freuen ...«

Jule scheint zu überlegen. »Wir könnten das Brot doch auch der Roggenmuhme geben, oder, Papa? Die hat sicher lange nichts mehr gegessen. Dann müsste sie keine Kinder mehr fressen ...«

»Originalton Jule«, sagt Mutter Katja nur und schüttelt den Kopf. »Das passt mal wieder.«

KARTOFFELN SUCHEN

»Wo sind die drei Hübschen denn geblieben?«, fragt Oma, als sie in Rüschendorf nur von Papa Martin, Fibi und Sally begrüßt wird. Opa hat unterwegs wie immer frische Löwenzahnblätter gepflückt und gibt sie gerade den Kaninchen hinten im Freigehege zu fressen.

»Möchtest du eine Tasse Tee, Maria?«, fragt Katja. Katja hat ihre Schwiegereltern längst vom Küchenfenster aus erblickt. Jetzt kommt sie auf die Terrasse. Oma nickt dankbar. Martin, ihr jüngster Sohn, kniet neben der Terrasse und säubert die Messer seines Rasenroboters. Da taucht Charleen plötzlich auf und kuschelt sich an Oma.

»Blöde Arbeit – Erpressung!«, mault sie.

»Mag sein«, erwidert Papa Martin in einem sehr bestimmten Ton und pflückt weiter das feuchte Gras von den Messern des Roboters. »Aber das Kinderzimmer ist ein fürchterlicher Saustall. Wenn ihr drei nicht bis heute Abend —«

»Okay, Papa. Schön cool bleiben! Ich ...«, Charleen zeigt theatralisch mit dem Zeigefinger auf ihre Brust, »ich habe alle Regale aufgeräumt. Jule und Luca sind für den Boden und die Degus zuständig.«

Oma kann sich nur zu gut vorstellen, wie chaotisch der Fußboden aussieht. Die flinken Degus, kleine chilenische Strauchratten, die Jule aufzieht, befördern mit Vorliebe Futter und Streu aus dem großen Käfig durchs ganze Zimmer.

»Omi, welche Arbeit hast du denn früher gehasst?«, fährt Charleen diplomatisch fort, um von sich abzulenken.

»Gehasst? Ach, so extrem war meine Abneigung gegenüber Arbeit eigentlich nicht. Jeder musste bei uns mit anpacken. Das war ich ja von klein auf gewohnt. Aber das Kartoffelsuchen im Herbst war doch sehr anstrengend – oder eher stressig.

Das habe ich in keiner guten Erinnerung.« Oma denkt kurz nach. »Weißt du, was ein Kartoffelroder ist?«, fragt sie Charleen schließlich.

Charleen zuckt die Achseln. »Ich kenne nur so *große* Maschinen.« Sie breitet die Arme aus. »Papa, wie heißen die noch?«

»Vollernter«, erklärt Papa Martin, blickt kurz auf und arbeitet dann weiter.

»Richtig.« Charleen nickt. »Vollernter von Grimme – die können an einem halben Nachmittag das riesige Feld hinter dem Kräutergarten abräumen. Leonard findet die Maschinen ganz doll. Er schaut sich immer alles aus der Nähe an.«

Das Kinderzimmerfenster unten an der Terrasse schwingt auf. Jule beugt sich heraus. »He, Charleen!«, ruft sie ärgerlich, als sie ihre kleine Schwester entdeckt. »Du bist hier aber noch nicht fertig!«

Charleen verdreht den Kopf. »Ja, ich, äh ... wieso das denn nicht? Na, gut! Ich komm gleich.«

»Du willst dich nur wieder drücken!«, schimpft Jule weiter und schließt dann das Fenster.

Oma horcht etwas erstaunt auf, fährt aber dann mit ihrer Erzählung fort. »Also, Charleen – du kennst also keinen Kartoffelroder?«

Charleen schüttelt den Kopf.

»Wie soll ich dir das erklären ...« Oma denkt nach. »Also, dieser Roder wurde natürlich von Pferden gezogen. Vorne war eine Pflugschar und hinten waren Greifarme mit langen Zinken angebracht. Die drehten sich, sobald die Pferde anzogen und lostrabten. Diese Zinken schaufelten die reifen Kartoffeln aus dem Boden und beförderten sie in hohem Bogen auf den Acker.«

Charleen grinst. »Klasse, eine Kartoffelwurfmaschine! Die hätte ich auch gerne mal gesehen.«

Oma schmunzelt. »So lustig war das aber für uns nicht. Je weiter die Kartoffeln flogen, desto mehr Mühe hatten wir beim Aufsammeln.«

Charleen steht auf. Sie hat eine Idee. »Omi, ich stell mir das gerade vor.« Sie nimmt den Fahrradkorb von Omas Rad, das an der Hauswand lehnt, und schwenkt ihn herum. »Ich hätte mir die Arbeit nämlich sehr erleichtert. Ich wäre neben dem Roder hergelaufen und hätte den Korb so gehalten, dass möglichst viele Kartoffeln hineingeflogen wären.«

Papa Martin muss lachen und Oma ebenso.

»Ja, du Erfinderin«, meint Oma, »schade, dass du damals nicht gelebt hast. Aber mit deiner Technik hättest du nicht viel Erfolg gehabt. Mit dem Drahtkorb hättest du vielleicht einige wenige Kartoffeln erwischt – aber du hättest ständig im Galopp neben dem Roder herhetzen müssen. Nein, nein.« Oma schüttelt den Kopf. »Das hätte so nicht funktioniert.«

Charleen lässt den Fahrradkorb sinken. »Dann erzähl mir doch, wie ihr das gemacht habt«, bittet sie Oma.

Katja hat gerade den Tee gebracht und ein paar Plätzchen dazugestellt. Charleen angelt sich schnell ein paar Kekse mit Schokolade. Oma nimmt einen Schluck Früchtetee und stellt die Tasse wieder ab.

»Okay«, sagt sie. »Ich fang mal ganz von vorne an. Zum Kartoffelsuchen brauchte man immer viele Leute – je nach Länge des Feldes meistens acht bis zehn Personen. Besser gesagt: drei bis fünf Paare, weil man immer zu zweit arbeitete. Zu Beginn des Erntenachmittags schritt der Bauer eine Feldlänge ab und teilte danach den Paaren die einzelnen Abschnitte zu. Also, wenn die Länge des Ackers zum Beispiel hundert Schritte betrug und fünf Paare da waren –«

»– dann bekam jedes Paar einen Abschnitt von zwanzig Schritten zum Aufsammeln zugeteilt«, ergänzt Charleen.

»Genau.« Oma nickt. »Die einzelnen Abschnitte wurden mit einem Stock oder frischen Birkenzweigen, die der Bauer in den Acker steckte, markiert.«

Charleen überlegt einen Moment lang angestrengt, dann zieht sie empört die Stirn kraus. »Gerecht finde ich das aber nicht. Was, wenn der Bauer einmal große Siebenmeilenschritte und dann ganz kleine Trippelschritte machte?«

»Charleen«, erwidert Oma. »Erstens hätte das kein Bauer getan. Und zweitens: Früher gab es wegen solcher Kleinigkeiten keine Diskussionen.«

»Aber man hätte doch schnell mit einem Metermaß –«

»– über den ganzen Acker kriechen können, um alles zentimetergenau abzumessen?« Oma schüttelt entschieden den Kopf. »Nein, diese Art der Einteilung – mit den gleichmäßig langen Schritten und den Zweigen, die man in den Boden steckte – war bei allen Bauern üblich ... und sie wurde nicht beanstandet.«

Charleen seufzt. »Na gut, ... was war denn *dann* so schwer an dieser Arbeit?«

»Nun – beim Aufsammeln der Kartoffeln musste man unheimlich fix sein. Der Acker wurde nämlich mit dem Roder einmal ganz umrundet, das heißt, er wurde von zwei Seiten bearbeitet. Wenn wir mit dem Aufsammeln auf der einen Seite fertig waren, dann lag auf der anderen Seite schon eine neue Lage.

Das Schwerste – im wahrsten Sinne des Wortes – waren allerdings die mit den Kartoffeln gefüllten Drahtkörbe. Die mussten wir im Galopp zum Ackerwagen transportieren. Schräg an den

Wagen angelehnt war ein wackliges Brett. Das mussten wir vorsichtig hochsteigen – ohne die Balance zu verlieren –, erst dann konnten wir den schweren Korb in den Wagen auskippen.«

»Und wo stand der Ackerwagen?«

»Meistens mitten auf dem Kartoffelfeld.«

Charleen nickt, als hätte sie sich das schon gedacht. »Siehste Oma, schon wieder so 'ne Ungerechtigkeit. Dann mussten diejenigen, die vorne oder hinten ihren Abschnitt hatten, ja viel längere Wege machen als die, die in der Mitte suchten.«

Oma kennt Charleens ausgeprägtes Gerechtigkeitsgefühl. »Gut, dass du damals nicht dabei warst. Vor lauter Protestieren wärst du nicht zum Suchen gekommen und – *schwupps!* – wäre es dunkel gewesen.«

Charleen denkt kurz nach. »Na gut, dann fangen wir einmal an zu suchen. Wie lange dauerte diese ätzende Schufterei?«

»Vier bis fünf Stunden, bis es dunkel wurde.«

»So lange? Ohne Pause?« Charleen ist total baff.

»Nun, zur Halbzeit«, erklärt Oma, »auch Vesperzeit genannt, wurde eine kleine Pause eingelegt. Bei manchen Bauern gab es dann leckeren Kartoffelstuten, der eine Zuckerkruste hatte. Sonst meistens frisch belegte Brote und Muckefuck, also Kaffeeersatz. Mit schmutzigen Händen essen machte irgendwie ›Gau‹. Dann schmeckte das Vesperbrot doppelt so gut. ›Sand scheuert den Magen‹ – so heißt ja ein altes Sprichwort.«

Das ist genau das richtige Stichwort für Charleen. Sie nimmt sich mit spitzen, aber sauberen Fingern gezielt einen Keks und kaut genüsslich darauf herum.

»Du hast gesagt, dass *manche* Bauern einen leckeren Kartoffelstuten hatten«, sagt sie zu Oma. »Das heißt also, ihr habt auch für fremde Leute die Kartoffeln aufgesammelt?«

Oma nickt.

»Aber doch wohl nicht umsonst?«

»Nein, nicht umsonst. Der Stundenlohn war bei allen Bauern gleich: eine D-Mark pro Stunde – also umgerechnet fünfzig Cent heute.«

Charleen rechnet nach. »Also insgesamt nur vier bis fünf Mark am Nachmittag? Für diese Knochenarbeit?« Sie schüttelt ungläubig den Kopf. »Reine Ausbeute ...«

»Du, das haben wir anders gesehen«, wirft Oma rasch ein. »Das Kartoffelsuchen in den Herbstferien war für uns die einzige Gelegenheit, etwas Geld zu verdienen.«

»Ach ja, Taschengeld kriegtet ihr ja nicht.«

Oma nickt. »Unser erstes Geld vom Kartoffelsuchen bei einem Nachbarn wollten wir prompt unserer Mutter überlassen. Wir waren ganz erstaunt, als wir die ganze Summe behalten durften.« Oma macht eine kleine Pause, dann fährt sie fort. »Aber da fällt mir noch etwas Lustiges ein. Weil es im Herbst abends schon früh dunkel wurde – so gegen sechs bis halb sieben – sind wir in der Dämmerung auf den übrig gebliebenen Kartoffeln herumgehüpft. Mit bloßen Füßen haben wir möglichst viele Kartoffeln wieder in die Erde gestampft, sodass sie nicht mehr zu sehen waren. Diesen Trick hatten die großen Jungs uns gezeigt. So wurden wir nämlich schneller fertig. Der Bauer hat sich am nächsten Tag sicher sehr gewundert, warum beim Eggen in einem ganzen Streifen doch noch so viele Kartoffeln zum Vorschein kamen.«

Charleen runzelt die Stirn. »War das denn so schlimm? So'n Vollernter, der nimmt ja auch nicht alle Kartoffeln mit. Also, manchmal sieht man doch noch recht viele Kartoffeln auf dem Acker liegen ...«

»Weißt du, bei den großen Anbauflächen heutzutage spielen die paar Kartoffeln, die auf dem Acker oder im Boden bleiben, keine Rolle.« Oma seufzt. »Wir aber mussten damals zuerst beim Eggen und danach beim Pflügen jeder Ackerfurche nachspüren und die Reste – auch halbe Kartoffeln – mühsam einsammeln. Diese wurden dann in einem großen Kessel für die Schweine gekocht und später an sie verfüttert.«

Charleen staunt. »Mannomann! Bei euch wurde aber auch alles verwertet. Biotonne überflüssig!«

Da öffnet sich plötzlich wieder das Kinderzimmerfenster. »Aha, Madam!«, ruft Jule empört. »Du bist immer noch da und machst es dir schön gemütlich.« Sie schüttelt verärgert den Kopf. »Wenn du wirklich glaubst, dass du schon fertig bist, dann hast du dich schwer geirrt!«

Und – *schwupps!* – wirft sie den noch vollen Papierkorb aus dem Fenster, der, ein paar Schritte von allen entfernt, auf die Terrasse knallt und dort umstürzt.

Charleen springt auf. »Das ist fies, Jule! Ich hätte den noch ausgeleert!«

Aber das Fenster ist schon wieder geschlossen. Oma hilft Charleen schnell beim Einsammeln der Papierreste. Dabei fischt sie sich ein Foto heraus, das ihr ins Auge sticht. »Darf ich das behalten?« Es ist ein Selfie von Jule und Charleen.

Charleen wirft einen kurzen Blick auf das Foto und meint scheinbar gleichgültig: »Klar ... Aber warte, zeig's mir doch noch mal, bitte.«

Oma gibt ihr das verknickte Foto und Charleen betrachtet es nachdenklich. »Oh, da war Jule zehn. Und damals war sie auch meistens noch nett zu mir. Jetzt ist sie ja angeblich in der Pubertät.« Sie wirft ihrem Vater, der sich gerade an den Tisch setzt, einen genervten Blick zu. »Und du, Papa, nimmst die Großen dazu auch noch manchmal in Schutz!«

Papa Martin ist ganz entspannt. »Ach, Chacha, reg dich doch nicht immer so auf. Du weißt ja, Teenies sind manchmal ein bisschen irre.« Er schmunzelt. »Aber warten wir die Zeit einmal ab. Wenn du ein Teenie bist, werden wir sicher noch etwas ganz anderes erleben – bei deinem Temperament.«

Diese Phase in der Zukunft kann sich Charleen allerdings noch nicht vorstellen. Sie seufzt laut, als hätte sie eine schwere Last zu tragen. Dann gibt sie Oma das Foto zurück. »Behalte es ruhig, Omi.«

Mit ernster Miene nimmt sie den vollen Papierkorb in die Hand, um ihn in die blaue Tonne zu entleeren. Kurz vor der Tür zur Garage bleibt sie stehen, dreht sich noch einmal zu allen auf der Terrasse um und ruft so laut, dass man es mit Sicherheit auch im Kinderzimmer hören kann: »Das kannst du mir glauben, Oma! Bei zwei älteren Schwestern bekommt man immer die A...karte! Egal, ich werd's überleben.«

BASTELMAUS UND LESERATTE

Charleen möchte zu Mamas Geburtstag Ende November ein Plakat gestalten. Sie weiß, dass Mama sich über persönliche Worte und Gebasteltes mehr freut als über ein gekauftes Geschenk.

Oma verwahrt in ihrem Zimmer viele Schätze, die Charleen gut gebrauchen kann: farbigen Karton, gemustertes Klebeband, Kalenderblätter, Glitzersteine, Aufkleber, Filz,- Bunt- und Metallicstifte. Gezielt wählt sich Charleen die Farben aus, die zueinander passen. Beim Rumstöbern entdeckt sie eine ganze Menge an Bilderbüchern.

»Wozu brauchst du all diese alten Schinken, Oma? Für uns doch nicht mehr. Dann könnten wir sie ja beim nächsten Mal auf dem Flohmarkt anbieten, okay?«

Oma, die an ihrem Laptop sitzt und gerade eine E-Mail geschrieben hat, dreht sich zu Charleen um. »Oh, nein, die brauche ich noch, Charleen – zum Vorlesen im Kindergarten und überhaupt ... meine Bücher gebe ich nicht her. Bücher sind meine Freunde.«

Charleen schaut Oma von der Seite an, als ob sie sagen wollte: »Na, Oma ... du übertreibst doch mal wieder.« Charleen ist keine Leseratte, sondern tobt lieber draußen mit ihren Freunden auf der Straße herum. Lesen ist nur bei Regenwetter und Handyverbot angesagt. Jetzt aber greift sie doch nach einem abgegriffenen Bilderbuch, das sie zu kennen scheint.

»Oma, schau mal! Ein Mama-Muh–Buch!« Sie beginnt in dem Buch zu blättern. »Mama-Muh schaukelt. Ich glaube, das war mein erstes Mama–Muh-Buch.« Sie blättert weiter. »Ach ja, die Krähe ist ihr bester Freund ...«

Oma nickt. »Ja, ich erinnere mich, da warst du noch keine drei Jahre alt ... Ich glaube, ich musste dir dieses Buch mindestens einhundert Mal vorlesen. Du warst eine Zeitlang total im Mama-Muh-Fieber.«

Nachdenklich blättert Charleen das Buch durch, stellt es dann aber wieder ins Regal zurück.

»Also?«, fragt Oma. »Soll Mama-Muh das nächste Mal mit auf den Flohmarkt?«

Charleen schaut Oma fassungslos an. »Wo denkst du hin, Omi, auf keinen Fall. Das *musst* du behalten. Oder besser, ich nehm es nachher mit und stell es zu meinen Lieblingsbüchern.«

Oma schmunzelt. »Aha, jetzt verstehst du sicher noch besser, dass ich meine Bücher liebe? Du willst dein Mama-Muh-Buch behalten, weil du jede Seite in- und auswendig kennst, sozusagen liebgewonnen hast, nicht wahr?«

Charleen nickt. Inzwischen hat sie schwarzen Tonkarton auf Omas Schreibtisch ausgebreitet. Sie klappt jeweils zwei Seiten nach innen. Dann öffnet sie diese wieder und beginnt mit der Planung der Innenseite. »Wenn ich verschiedene Türen oder besser Taschen draufklebe, hat Mama noch 'ne zweite Überraschung.«

Oma nickt, mischt sich aber nicht ein.

»Sag mal, Oma ... hatte Luca auch ein Lieblingsbuch?«

»Luca? Oh ja. Sie liebte das Bambi-Buch über alles. Diese Phase hat – glaube ich – bestimmt ein ganzes Jahr gedauert.«

»Hast du das Buch noch?«

»Aber logo.« Mit einem Griff zieht Oma das Buch aus der Reihe der Bilderbücher heraus.

Charleen unterbricht ihre Arbeit, schnappt sich den Band und fängt an, interessiert darin herumzublättern. »Ein altes Buch«, murmelt sie vor sich hin. »1972 erschienen. Und hier – eine Ecke unten ist abgerissen? Wer macht denn so was? Woher hast du das Buch?«

»Denk einmal scharf nach! Schau, es ist schon im Jahr 1972 erschienen.«

Charleen muss nicht lange nachdenken. »Also hat das Buch schon Onkel Andy gehört. Oder Papa.«

»Genau.« Oma schmunzelt. »Wer von den beiden allerdings die Ecke abgerissen hat, steht leider nicht dabei.«

Charleen gibt Oma das Bambi-Buch zurück und widmet sich wieder ihrem Kunstwerk.

»Hatte Jule auch ein Lieblingsbuch?«, fragt sie nach einer Weile.

»Mit Sicherheit. An den Titel kann ich mich allerdings nicht mehr erinnern. Vielleicht war es ›Der kleine Eisbär‹. Jule kannte viele Texte auswendig und hat besonders dir gerne Geschichten erzählt, die sie sich selbst ausgedacht hat.«

»Echt? Das ist ja toll. So nett war sie zu mir?« Charleen freut sich im Nachhinein. »Schade, dass du die Geschichten nicht aufgeschrieben hast, Oma.«

Charleen hat mittlerweile verschiedene Taschen gefaltet und klebt diese auf die Innenseite des DIN A 3–Buches: runde, eckige und ovale. Jetzt will sie die Taschen noch dekorieren. Dazu legt sie sich an einem zweiten kleinen Tisch Sticker und Farbstifte bereit.

»Warte mal, Charleen ...« Oma beugt sich vor und rückt ihre Brille zurecht. »Ich glaube, ich habe doch noch eine von Jules Geschichten gespeichert. Die hatte ich irgendwann später einmal aus dem Gedächtnis notiert.« Sie schaut sich eine lange Liste von

Dokumenten auf ihrem Computer an. »Ah, hier ist sie! Aus dem Jahr 2009, da war Jule sechs Jahre alt.«

Charleen springt auf, stellt sich an Omas Seite und liest laut vor ...

Vom kleinen Löwen, dem kleinen Elefanten und der kleinen Giraffe ...

Es war einmal ein kleiner Löwe, dem war es soooo langweilig. Da ging er in die Wüste, und ihm war immer noch soooo langweilig. Da buddelte er sich ein Loch und legte sich hinein.

Später hörte er einen kleinen Elefanten herumtrampeln und herumtröten. Der kleine Elefant hatte wohl seine Mama verloren.

»Willst du mein Freund sein?«, fragte der kleine Löwe und krabbelte aus seinem Loch. »Wollen wir zusammen spielen? Wir können ja Tiere jagen.«

»Nein, das ist ein doofes Spiel, das kann ich nicht!«, erwiderte der kleine Elefant. »Wir können ja stattdessen mit Sand werfen.«

Das aber wollte der kleine Löwe nicht.

»He, was macht ihr denn da?«, fragte eine kleine Giraffe, die zufällig vorbeikam.

Der kleine Löwe kratzte sich verlegen an seiner Mähne und der kleine Elefant ließ ratlos seinen Rüssel kreisen.

»Wir wollen spielen«, sagten beide schließlich wie aus einem Mund. »Aber wir wissen nicht, was ...«

»Lasst uns doch in die Savanne gehen, vielleicht finden wir dort noch mehr Freunde!«

Und sie gingen alle in die Savanne.

Dort sahen sie Zebras, Gnus, Gazellen, Nashörner, Flusspferde und Krokodile. Der kleine Elefant freute sich. Und der kleine Löwe auch.

Und die kleine Giraffe fragte die vielen Tiere: »Wollen wir zusammen spielen?«

Die Antwort war ja. Alle durften mitmachen.

Und sie spielten alle Spiele, die sie kannten, bis es dunkel wurde ...

»Eine schöne kleine Geschichte«, sagt Charleen und seufzt. »Und alle durften mitmachen««, zitiert sie und grinst dabei schelmisch. »Das muss ich Jule bei nächster Gelegenheit mal unter die Nase reiben. Kannst du mir die Story ausdrucken?«

Oma stellt den Drucker an, und schon hat er Jules Tiergeschichte ausgespuckt.

»Dass Jule das Wort ›Savanne‹ in dem Alter schon kannte, hat mich damals sehr beeindruckt«, erinnert sich Oma.

Charleen schüttelt den Kopf. »Mich wundert das überhaupt nicht. Jule hat's schon immer mit den wilden Tieren gehabt. Nach dem Abitur möchte sie etwas dazu beitragen, seltene Tiere vor dem Aussterben zu bewahren.« Charleen hält inne, um eine neue passende Farbe auszusuchen. »Und du, Oma, hattest du denn früher auch ein Lieblingsbuch? Ach, nein, bestimmt nicht. Ihr hattet ja keine Bücher zu Hause.«

Oma nickt traurig. »Das stimmt, leider. Außerdem gab es direkt nach dem Krieg so gut wie keine Kinderbücher. Mein erstes Buch bekam ich, als ich im dritten Schuljahr war – ein Geschenk von meiner Tante Lisbeth aus Münster. Das Buch hieß ›Gisel und Ursel, die beiden Sportmädel‹. Meine ältere Schwester Irmgard bekam den Band ›Gisel und Ursel, die beiden Glücksmädel.‹« Jetzt, wo es Oma gerade wieder einfällt, muss sie doch lächeln. »Ich habe beide Bände bestimmt zehnmal gelesen.«

»Weil du sonst nichts zu lesen hattest?«

»Genau. Das einzige Gedruckte, was zu jener Zeit regelmäßig ins Haus flatterte, war die Tageszeitung. Heimlich haben wir – also Irmgard und ich – stets auf die Fortsetzung des Romans, der in der Zeitung abgedruckt war, gelauert. Und wenn dort am Ende stand ›Schluss folgt ...‹, dann waren wir besonders gespannt.«

Das versteht Charleen nicht. »Warum das denn? Dann war die Serie doch zu Ende?«

»Ja. Aber meistens wurde dann erst geklärt, ob das Paar sich kriegte oder nicht, ob sie sich küssten oder nicht ...«

»Omi«, meint Charleen erstaunt, »das ist doch ganz normal. Oder war Küssen damals etwa nicht normal?«

Oma nickt. »Du hast den Nagel auf den Kopf getroffen. In der Öffentlichkeit – also vor allen Leuten – war das Küssen nicht normal. Und überhaupt«, fährt Oma fort, »war das Lesen – außer der Tageszeitung – nur sonntags angesagt. Man las dann ›Kirche und Leben‹, ›Stadt Gottes‹ oder das ›Liboriusblatt‹.«

»Für Kinder war wohl nichts dabei?« Charleen schüttelt leicht irritiert den Kopf. »Ich jedenfalls lese gerade ›Gregs Tagebuch. Band elf. Alles Käse‹.« Sie grinst bis über beide Ohren. »Echt witzig, zum Schrottlachen! Kann ich dir mal ausleihen, wenn du willst.«

»Wo hast du das Buch denn her?«, fragt Oma neugierig.

»Aus der Pfarrbücherei in Rüschendorf. Dort findet man immer die neuesten Bücher.«

Oma nickt. »Pfarrbücherei, ja. Das ist ein gutes Stichwort. Die wurde bei uns eingerichtet, als ich fast erwachsen war.«

»Und dann hast du natürlich alle Bücher, die es dort gab, sofort ausgelesen ...«

»Hätte ich gerne, das kannst du mir glauben. Aber so weit ist es nicht gekommen. Die Bücherei befand sich nämlich im Haus des Pastors. Alle Bücher, die man entleihen wollte, musste man dem Pfarrer zur Überprüfung vorzeigen. Als er mir dann einmal eines der Bücher aus der Hand riss – mit den Worten ›Maria, das ist nichts für dich!‹ –, da war ich tief betroffen. Und dann bin ich aus Protest nie wieder dorthin gegangen. Ich war echt sauer. Der Pastor hätte mir den Grund ja erklären können. Hat er aber nicht.

Von da an habe ich mir Bücher aus der Stadtbücherei in Cloppenburg ausgeliehen. Dazu musste ich allerdings bis nach Schulschluss warten. Und dann noch zwei weitere Stunden, bis die Bibliothek endlich wieder öffnete.«

»So verrückt aufs Lesen wie du bin ich nicht«, meint Charleen und betrachtet gefällig die Komposition der Briefe, die sie dekoriert hat. »Schau mal, Omi, welches Muster findest du am besten?«

Oma rückt ihre Brille zurecht und inspiziert Charleens Kunstwerk. Sie überlegt. »Vielleicht das mit den Blumen«, sagt sie zögerlich. »Oder ... das mit den Herzchen? Nein, alles super. Das hast du toll hingekriegt.«

»Was ich auf die kleinen Zettel schreibe, die in die Umschläge kommen, das weiß ich schon«, erklärt Charleen.

»Verrätst du mir das auch? Oder ist es geheim?«

Charleen runzelt die Stirn. »Nö, Omi, ist kein Geheimnis. Das sind alles Danke-Sätze. Zum Beispiel ›Danke, dass du immer meine Sachen wäschst. Danke für das Essenkochen‹. Und so weiter. Ein Satz fehlt mir noch. Hast du eine Idee, Oma?«

Oma hätte noch viele Ideen für Danke-Sätze, aber da sie Charleen sehr gut kennt, schlägt sie etwas anderes vor. »Wie wäre es denn mit einer Botschaft, die ein wenig anders anfängt. Etwa so ... ›Entschuldige bitte, liebe Mama, dass ich —‹«

Oma hält absichtlich mitten im Satz inne.

»Hä? Was meinst du genau, Oma?«

Oma schmunzelt. »Du verstehst mich schon, Charleen. Denk mal nach ... Aber du kannst natürlich selbst entscheiden, ob du diesen Satzanfang verwenden möchtest oder nicht. War nur ein kleiner Wink mit dem Zaunpfahl ...«

Charleen wirkt zunächst etwas grummelig, dann aber findet sie offenbar doch Gefallen an der Idee. »Okay. Dann schreib ich jetzt die kleinen Zettel fertig. Kann ich dafür deinen silbernen Edding haben? Danke. Und ... kannst du mir bitte in der Zwischenzeit noch ein Bilderbuch raussuchen, das ich total gern gemocht habe?«

»Na, klar.«

Oma nimmt einen Stapel aus dem Regal, hievt ihn auf den kleinen Tisch neben ihren Lesesessel, setzt sich dazu und streckt die Beine auf dem Hocker aus. Derweil schreibt Charleen ganz konzentriert an den Liebeserklärungen für ihre Mutter weiter. Es herrscht absolute Stille, nur ab und zu raschelt es, wenn Oma die Buchseiten umblättert.

»Mist!«, ruft Charleen plötzlich in die Stille hinein. »Falsch geschrieben ... Oma – ›motzen‹, das schreibt man doch mit tz – oder nicht?«

»Motzen? M-o-tz-en. Klar mit tz.«

Oma fragt sich insgeheim, in welcher Liebesbotschaft wohl das Verb »motzen« vorkommt.

»Fertig!«, ruft Charleen kurz darauf. Sie scheint ganz erleichtert. »Schau mal, Omi. Auf die Klappen vorne kommt ein großes pinkfarbenes – nein, besser ein goldenes Herz.« Geschickt zeichnet sie die Umrisse auf eine Goldfolie, schneidet das Herz aus und halbiert es. Zum Abschluss klebt sie beide Hälften auf die Klapptüren. »Hier, Frau Lehrerin, welche Note würdest du mir geben?« Charleen steht langsam auf und hockt sich zu Oma auf die Sessellehne.

Oma betrachtet das fertige Kunstwerk eingehend von innen und außen, bevor sie ihre Bewertung abgibt. »Also das ist ... eine glatte Eins, oder besser gesagt: eine Eins plus mit Sternchen.«

»Danke, Omi.« Charleen ist stolz.

Oma kommt plötzlich eine Idee. Sie kramt in ihrem Bücherstapel und findet schließlich ein ganz spezielles Buch, das sie Charleen allerdings nicht sofort zeigt. Charleen hat sich derweil in den Sessel fallen lassen. Sie ist überhaupt nicht erschöpft von der ganzen kreativen Arbeit. Im Gegenteil – irgendetwas hat sie angestachelt und sie will noch mehr über Bücher wissen.

»Wann konntest du ... äh ... *durftest* du«, korrigiert sie sich, »die Bücher, die du in Cloppenburg ausgeliehen hast, denn lesen? Auch nur sonntags? Oder im Bett? Ach nein, das ging ja nicht, du schliefst ja nicht allein in deinem Zimmer. Und du hattet sicher auch keine Nachttischlampe, oder? Also wann dann?«

Jetzt lächelt Oma doch etwas verschämt in sich hinein. »Ich hatte einen Trick entwickelt, Charleen, der ausgezeichnet funktionierte. Da ich meine Hausarbeiten am Tisch in der guten Stube machen durfte – weil in der Küche viel zu viel Betrieb war – habe ich die Bücher immer unter den Schulheften versteckt. Und kam jemand doch einmal in die Stube – dazu musste man ein paar knarrende Stufen hochsteigen – dann war die spannende Lektüre längst unter dem Heft- und Schulbücherstapel wieder verschwunden.«

»Ach, Omi«, seufzt Charleen, »irgendwie gab es früher viel mehr Verbote als heute. Und dann habt ihr euch Tricks ausgedacht, um zu mogeln?« Sie schüttelt ungläubig den Kopf. »Bei uns ist das ganz anders. Papa freut sich zum Beispiel sehr, wenn ich ein Buch lese und nicht mit dem Smartphone rumdaddele.«

Oma nickt. »Stimmt. Manchmal wundere ich mich, dass du noch keine viereckigen Augen hast.«

Charleen legt ihr Geschenk vorsichtig wieder auf den Schreibtisch und kommt neugierig zu Oma zurück.

»Lass mal sehen, Oma. Welches schöne Bilderbuch hast du denn noch für mich gefunden?«

Oma reicht ihr wortlos das Buch mit dem Titel »Die kleine Motzkuh. Oder wie man schlechte Laune vertreiben kann.« Dann wartet sie in Ruhe ab, wie Charleen jetzt wohl reagieren wird. Oma hat ihren Spaß. Charleen schaut sie lachend an und dann knuddelt sie Oma ganz doll.

»Aha, Frau Lehrerin, ich bin ja nicht blöd. Das Buch hast du mit Absicht rausgekramt, weil ich nach der Schreibweise von ›motzen‹ gefragt habe.«

»Genau. Aber ich werde dich jetzt nicht fragen, in welchem Zusammenhang du das Wort in deinem Brief verwendet hast.« In diese Geheimnisse möchte Oma nicht eingeweiht werden. Deshalb ist sie sehr erstaunt, als ihre Enkelin ganz offen und frei Auskunft gibt.

»Weißt du, was ich geschrieben habe? Nein? Das kannst du dir doch denken! Da steht jetzt: *›Entschuldige bitte, liebe Mama, dass ich dich öfters angemotzt habe.‹* Aber ich mach das nicht mehr so oft wie in der Grundschulzeit«, fügt Charleen schnell noch hinzu. »Ich meine, ich bin nicht mehr so knötterig.«

Das hat Oma schon längst festgestellt, aber auch jetzt schweigt sie aus gutem Grund.

Charleen betrachtet das ausgesuchte Buch noch einmal und befühlt die Vorderseite, die eine Einbuchtung hat. »Hier fehlt die Motzkuh, diese Fingerpuppe«, stellt sie fest. »Weißt du noch? Wenn wir drei uns gestritten haben, hast du oft gerufen: *Vorsicht! Motzkuh im Anflug, wo soll sie sich niederlassen?* Meistens war nach einer Weile durch diese Schocktherapie wieder Ruhe im Karton, weil wir dann oft schon nicht mehr wussten, wer mit dem Zanken angefangen hatte.«

Oma nimmt Charleen liebevoll in den Arm und drückt sie fest an sich. »Ach, mein Schatz, ich bin so stolz auf dich!«

Charleen drückt Oma ebenfalls. »Stell doch die Motzkuh wieder ins Regal, vielleicht zu Mama-Muh«, sagt sie schließlich. »Die beiden werden sich sicher gut verstehen.«

WIE PECHMARIE ZU IHREM NAMEN KAM

»Jule-Pule, was ist dir denn passiert? Was hast du bloß gemacht?«

Oma sitzt auf der Terrasse und gönnt sich eine kleine Pause von der Gartenarbeit. Jetzt, Ende April, will sie endlich die Zinnien und Astern einsäen. Die Sonne hat schon viel Kraft, und Oma hofft, dass die Saat schnell aufgeht. Jule kommt humpelnd um die Ecke und lässt sich seufzend auf einen Stuhl fallen.

»Fahrradunfall!«, lautet ihr knapper Kommentar.

»Wie kam das denn?«

»Ida und ich wollten von der Bushaltestelle schnell nach Hause. Dann haben wir noch so'n bisschen rumgealbert, und plötzlich haben sich unsere beiden Lenker verhakt, und wir sind voll hingeknallt. Hier, schau mal.«

»Tut's doll weh?« Oma schaut sich das aufgeschürfte Knie und die Schrammen am Unterarm an.

»Nö«, behauptet Jule, »geht so. Nur als Mama die Stellen gesäubert hat, hätte ich die Wände hochgehen können. Die Wunden heilen aber schon gut.«

»Und Ida?«

»Die hat Glück gehabt – ein paar blaue Flecken und ein schiefer Lenker.«

Oma mustert ihre Enkelin. »Du hast aber auch oft Pech«, meint sie schließlich.

Jule nickt. »Stimmt, ich bin der Pechvogel der Nation. Meine Gedanken sind oft einen Schritt schneller als meine Füße ...«

»Tröste dich, Jule – *den* Ruf hatte ich als Kind auch. ›Pechmarie‹, so nannte man mich. Und den Stempel, den hatte man mir regelrecht aufgedrückt.«

»Warum das denn?«, fragt Jule.

»Na ja«, meint Oma. »Ich hatte mir eben oft die Knie aufgeschürft. Oder meine Strümpfe waren kaputt, die Zopfspangen verloren oder die Haarschleifen verlegt ... Und einmal, auf dem Nachhauseweg, da ist mir etwas passiert, das ich nie vergessen werde ...«

»Was denn, Oma? Warte – darf ich mir noch eben ein kleines Eis aus der Truhe holen?«

»Klar. Bringst du mir eins mit? Schaffst du das mit dem Humpelbein?«, meint Oma scherzhaft.

Als Jule wieder langsam zurückgehumpelt kommt, lässt sie sich mit einem Plumps auf den Terrassenstuhl fallen. Sie reicht Oma ein Vanilleeis am Stiel.

»Hm, lecker!« Oma mag zu jeder Jahreszeit Eis und freut sich über die kleine Pause. Sie schiebt Jule einen Hocker zu. »Hier, leg doch das Bein hoch.«

Jule aber wehrt ab. Sie möchte jetzt Omas Unglücksgeschichte hören.

»Also gut, pass auf«, beginnt Oma. »Eines Mittags im Sommer – ich war in Klasse fünf –, als meine Freundin und ich nach der sechsten Stunde von der Liebfrauenschule zum Bahnhof in Cloppenburg trödelten, machten wir wie gewohnt an der Soestebrücke Pause. Ich lehnte meine Schultasche solange an einen Holzpfeiler. Wir beugten uns über das Geländer und schauten auf das dahinplätschernde Wasser. Vielleicht haben wir auch hineingespuckt. Und dann geschah das Unglück, der Weltuntergang! Irgendwie muss ich mit meinem Fuß gegen meine Tasche gestoßen sein. Im nächsten Moment jedenfalls stürzte die Tasche in den Fluss.«

»Oh, Oma, wie geil!« Jule grinst. Dann aber verändert sich schlagartig ihre Miene. »Nein, eigentlich gar nicht geil. Das war doch eine mittlere Katastrophe, oder? Ich stell mir das gerade vor.« Sie macht eine Bewegung mit ihrem Bein, als würde sie einem unsichtbaren Fußball einen Tritt verpassen. »Aua, Mist! Tut doch noch weh!« Jule reibt sich das verletzte Bein. Dann sieht sie auf. »Ging die Tasche denn sofort unter?«

»Das ist wirklich die entscheidende Frage.« Oma schleckt weiter an ihrem Eis. »Warte mal ab. Was meinst du denn, was ich dann als Erstes gemacht habe?

Jule zuckt die Achseln. »Keinen Dunst, Oma. Ist die Soeste tief? Konnte man damals von der Brücke nach unten steigen? Nee, das hätte ja keinen Sinn gemacht, schwimmen konntest du ja nicht. Und ein Handy? Gab's ja noch nicht.« Sie denkt weiter angestrengt nach. »Feuerwehr? Quatsch! Die kommt ja nicht extra wegen einer Schultasche.« Jule geht noch ein paar weitere Möglichkeiten durch, findet aber keine Lösung für Omas Dilemma. »Tja«, meint sie schließlich, »dann war die Tasche wohl futsch. Und deine Mutter musste dir eine neue kaufen - und Hefte und Bücher noch dazu. Wirklich Pech.«

Jule hat ihr Eis verzehrt und Oma auch. Die Holzstäbchen legen sie auf dem Tisch ab. Oma lehnt sich zurück.

»Genau das dachte ich auch«, sagt Oma. »Warum musste das ausgerechnet wieder *mir* passieren? Und außerdem – wie sollte ich jetzt nach Hause kommen? An der Schultasche war nämlich meine Monatskarte angebracht. Die Fahrkarte für den Zug.«

Jule überlegt nur kurz. »Also ich wäre schwarz gefahren. Im Falle eines Falles hätte ich dem Kontrolleur das mit der Schultasche erklärt. Meine Freundin hätte das ja bezeugen können. ›Ein Herz für Kinder‹ heißt es doch immer. Ich hätte es drauf ankommen lassen.«

»So einfach war das damals nicht.«

»Warum nicht?«

»Weil niemand ohne Karte den Bahnsteig betreten konnte. Der war nämlich abgesperrt. Zehn Minuten vor Ankunft eines Zuges öffnete der Bahnhofsschaffner die Sperre, kontrollierte und lochte die Fahrkarten – und erst dann durfte man den Bahnsteig betreten. Du sieht also – ohne Karte, keine Chance. Schwarzfahren war unmöglich.« Oma hält inne, weil sie sieht, dass Jule an der Kruste an ihrem Bein herumknibbelt. »Jule«, mahnt sie, »du wirst doch wohl damit aufhören ...«

Jule fühlt sich ertappt und fährt ruckartig zusammen. »Ja, jaaa ... Ich will doch nur sehen, wie weit das alles schon abgeheilt ist.« Sie lässt aber schließlich doch von der Wunde ab und richtet sich auf. »Da fällt mir gerade noch was ein ... Wenn man zum Beispiel nur jemanden abholen wollte, wie kam man dann auf den Bahnsteig?«

»Dann hieß es: Bahnsteigkarte lösen. Die kostete damals zwanzig Pfennig.«

Da kann Jule nur staunen. »Wie umständlich. Konnte man denn jederzeit eine Karte kriegen?

Oma nickt. »Klar. Der Schalter im Gebäude, auch an den kleineren Bahnhöfen, der war zu den Ankunfts- und Abfahrzeiten der Züge immer besetzt.«

Jule ist noch nicht restlos überzeugt. »Na, trotzdem ist es besser, dass man jetzt online Karten kaufen kann. Oder am Automaten.« Sie kennt sich mit dem Thema bestens aus, da ihr Vater alles online bucht – Papa Martin ist eben ein großer Experte in Sachen Internet und Reiseplanung.

»Ist das wirklich besser?«, fragt Oma stirnrunzelnd nach. Diesmal ist sie es, die nicht restlos von der modernen Technik überzeugt scheint. »Wenn Opa und ich mit der Bahn fahren«, fährt sie fort, »also in den Urlaub, ohne Auto, dann bitten wir meistens junge Leute, die sich mit den Automaten auskennen, die Karten für uns zu lösen. Gerade bei Kurzstrecken ist das oft sehr kompliziert. Opa kriegt dann meistens die Krise. Wir sind eben alt und mit so viel Technik nicht aufgewachsen.«

Jule steht auf, um ihrem lädierten Bein etwas mehr Durchblutung zu gönnen. »So alt seid ihr doch auch noch nicht.«

Oma schmunzelt. »Danke für das Kompliment – aber bei diesen komischen Automaten muss man bestimmt manchmal bis zu acht Anweisungen richtig ausführen, nur um an eine einzige Karte zu kommen. Dazu fehlt Opa meistens die Geduld.«

Jule schüttelt ihr Bein. »Tja, kann sein. Aber ich überlege immer noch, wie du damals nach Hause kommen konntest. Das muss ja irgendwie geklappt haben, sonst würdest du heute ja nicht hier draußen sitzen ...« Jule schaut Oma lächelnd an, dreht hinkend zwei Runden auf der Terrasse und lässt sich scheinbar erschöpft wieder in ihren Stuhl fallen.

»Scherzkeks«, meint Oma nur. »Also, welche Optionen – um in deinem Wortschatz zu bleiben – hast du noch parat? Welche Lösungen kannst du mir noch anbieten?«

Jule zuckt die Achseln. »Mit dem Handy anrufen, das ging ja nicht. Ihr hättet aber zur Schule zurückgehen und von dort aus zu Hause anrufen können.« Sie hält inne. »Ach nein, ihr hattet ja noch kein Telefon.«

Oma nickt. »Stimmt. Aber bei unseren Nachbarn hätte ich zur Not anrufen können. Man musste sich ohnehin bei Ferngesprächen über das Amt, also die Telefonvermittlungsstelle, verbinden lassen.«

»Oh, je! Geht's noch komplizierter? Keine Direktwahl?« Jule schüttelt entgeistert den Kopf. »Stell dir das mal heute vor, Oma!

Der helle Wahnsinn, wenn jeder jedes Gespräch vorher anmelden müsste.«

Oma nickt erneut. »Aber ein Anruf hätte eh nichts genützt. Niemand hätte die Zeit gehabt, um mich abzuholen. Notfalls wäre ich eben zu Fuß nach Hause gegangen.« Oma denkt kurz nach. »Viel schlimmer als das wäre aber nach wie vor der Verlust der Schultasche gewesen. Und dann die Bücher? Neue Bücher hätte man erst bestellen müssen, was eine Ewigkeit gedauert hätte. Und gebrauchte Bücher waren mitten im Schuljahr natürlich nicht zu bekommen.« Oma seufzt. »Für mich brach in dem Moment, als die Tasche in den Fluss stürzte, eine ganze Welt zusammen. Ich habe wohl ziemlich laut aufgeheult oder geschrien. Als ich der Schultasche dann mit bangem Blick nachschaute, sah ich zu meiner Verwunderung, dass der Ranzen gar nicht unterging, sondern lustig davonschwamm.«

Oma mustert Jule, die schon wieder an ihren Wunden herumknibbelt. Sie ermahnt sie aber nicht erneut.

»Stopp, Oma«, meint Jule plötzlich lautstark und sieht auf. »Diese Geschichte hast du dir doch ausgedacht. Das glaub ich nicht. April! April! Mein Schulrucksack ist immer sooooo schwer. Das langt mir schon, wenn ich den von der Bushaltestelle bis zur Schule schleppen muss. Der würde – *Plumps! Klatsch!* – wie ein nasser Mehlsack untergeh'n.«

Oma schüttelt den Kopf. »Nein, Jule. Was ich dir erzähle, ist die absolute Wahrheit. Schau mich an, ich spinne nicht. Meine Schultasche schwamm munter wie ein Papierboot davon. Darin waren nämlich nur zwei leichte Bücher, ein paar Hefte und eine Federmappe. Deshalb ging die Tasche nicht sofort unter, sondern segelte zuerst einmal mit der Strömung davon, bevor sie sich mit Wasser vollsaugen konnte ...«

»Das war also noch schlimmer. Dann konntest du den Tornister wohl endgültig vergessen —«

»Denkst du, Jule. Jetzt halte dich fest. Es geschah ein Wunder!«

Jule verdreht die Augen. »Oma, heute willst du mich wohl veräppeln, was? An Wunder glaube ich nicht. Oder willst du mich nur aufmuntern wegen des kaputten Knies?«

Oma wirft einen Blick auf Jules lädiertes Bein. »Nein, keineswegs. Du bist ja nicht so wehleidig wie deine Schwester. Auf jeden Fall grenzte das, was dann geschah, für mich an ein Wunder.«

Jule ist jetzt doch ganz Ohr und richtet sich auf.

»Stell dir vor«, erzählt Oma. »Bevor die Tasche endgültig aus meinem Blickfeld verschwand, erschien am Ufer des Flusses eine ältere Frau mit einer langen Stange, an der ein Haken befestigt war. Damit angelte sie nach dem Handgriff des ledernen Tornisters und fischte das triefende Treibgut mit einem Schwung aus dem Wasser. Dann legte sie die Schultasche am Ufer ab.«

Oma hält kurz inne und wirft ihrer Enkelin einen heimlichen Blick zu. Jule lauscht fasziniert, mit diesem Ausgang des Geschehens hat sie wohl nicht gerechnet.

»Ich traute meinen Augen nicht«, fährt Oma fort, »bis ich nach ein paar Sekunden aus meiner Schockstarre erwachte. Schnell kraxelte ich die Böschung hinunter und erreichte dankbar meine Retterin. Sie hatte im anliegenden Garten gearbeitet, das Drama mit angesehen, zur rechten Zeit die Stange mit dem Haken zur Hand gehabt und blitzschnell gehandelt. Ich war überglücklich ...«

»Und was geschah dann?«, will Jule wissen. »Die Tasche war zwar gerettet, aber sie war doch ganz nass ...«

Oma nickt. »Das stimmt, Jule. Die Folgen des ganzen Missgeschicks waren wirklich nicht von Pappe. Den Weg zum Bahnhof – mit der tropfenden Schultasche in der Hand – musste ich unter der Schadenfreude von anderen vorbeigekommenen Fahrschülerinnen zurücklegen.«

Inzwischen ist Jule aufgestanden und macht neue Gehversuche, indem sie das verwundete Knie steif nach sich zieht. »Kann ich mir denken ... auf der Autobahn auch ›Gaffer‹ genannt. Wie fies!«

Das kann Oma bestätigen. »Genau, die Schadenfrohen sterben nicht aus. Die nächsten Schultage hätte ich am liebsten geschwänzt. In jeder Pause hatte ich das Gefühl, dass jemand mit dem Finger auf mich zeigt. An dem Unglückstag jedenfalls – auf dem Heimweg von der Bahnstation nach Hause – überlegte ich krampfhaft, wie ich dieses Malheur Mutter und Tante beichten könnte. Ich hatte keine Idee. Als ich dann zögernd die Küche betrat, wurde ich wie immer mit den unbeliebten Fragen konfrontiert. *Wie war's heute? Habt ihr eine Arbeit geschrieben oder eine wiedergekriegt?* Ich brach sofort in lautes Schluchzen aus und konnte gar nicht aufhören zu weinen.«

Jule überlegt einen Moment und schaut Oma dann erstaunt an. »Oma, warst du wirklich so eine Heulsuse? Ich habe ja nicht einmal wegen dieser Blessuren hier geweint.« Sie hält demonstrativ ihr verletztes Bein hoch.

»Wenn's hilft, darf man doch auch mal weinen«, meint Oma. »Auf jeden Fall wurde ich mit Fragen überhäuft:

Also, jetzt sag doch endlich, was los ist!

Hast du eine Fünf geschrieben? Nein, was dann?

Habt ihr eine schwere Arbeit geschrieben, etwas, was du nicht konntest? Auch nicht?

Hast du Schimpfe gekriegt?

Du bist doch nicht etwa von der Schule geflogen?

Jetzt sag doch endlich, was los ist,

so schlimm kann's doch gar nicht sein!«

Oma hält kurz inne. Man merkt, dass die ganze Sache damals ein unheimlicher Schreck für sie gewesen sein muss. »Schließlich habe ich beiden gebeichtet, dass meine Tasche in die Soeste gefallen war«, fährt Oma endlich fort. »Und die Fragen gingen natürlich weiter:

Aber du hast sie doch in der Hand! Zeig mal her!

Alles klitschnass! Aber immerhin hast du sie ja wieder bekommen. Nun iss erst mal! Die Kartoffeln sind noch warm. Dann sehen wir weiter ...

Am Nachmittag wurde der Tornister dann über einen Zaunpfahl gestülpt und die Bücher und Hefte durfte ich auf dem Rasen ausbreiten. Gott sei Dank schien die Sonne den ganzen Nachmittag über. Ich musste aber lange dabeisitzen, um ab und zu ein paar Seiten umzudrehen, damit das Papier auch gleichmäßig trocknete.«

Jule beschäftigt sich bereits wieder mit ihrem kaputten Knie. »Irgendwie doch geil«, meint sie bemerken zu müssen.

»Das fand ich ganz und gar nicht – zumal ich an diesem Nachmittag endgültig den Stempel ›Pechmarie‹ verpasst bekam. Und am nächsten Morgen startete diese Pechmarie mit dem gewaschenen Tornister und den von der Nässe gewellten Büchern und Heften etwas unsicherer als am Tag zuvor in den Schulalltag.«

»Oma. Dann warst du aber eigentlich eine Goldmarie. So viel Glück kann man kaum haben.«

Oma nickt. »Stimmt, hundertprozentig. Und du, klebt auch etwas Gold an deinem geschundenen Knie?« Oma schaut auf das verletzte Knie. Jule hat doch eine Kruste vorsichtig ganz heruntergeklappt und fast vollständig abgeknibbelt. Zum Glück blutet das Ganze nicht.

»Ehrlich gesagt«, beginnt Jule, »wenn ich jetzt – also im Nachhinein – darüber nachdenke, dann kann ich mich auch vielleicht als Goldmarie bezeichnen ... Ich hätte mir zum Beispiel das Bein brechen können. Oder auf den Kopf fallen können. Und dann? Gehirnerschütterung? Dachschaden für immer? Bei meinen wertvollen Gehirnzellen? Aber, im Ernst, Oma: gar nicht auszudenken, wenn in dem Moment, als wir uns mit den Vorderrädern verhakt haben und auf die Straße geknallt sind, gerade ein dicker Laster vorbeigebrettert wäre ...«

»Stimmt« erwidert Oma und steht langsam auf. »So. Jetzt hole ich dir ein Pflaster, damit die frische Wunde sich nicht entzündet, Pule-Jule.«

DIE SCHULE AM NORDPOL

Es ist Ende Januar und es schneit schon seit Tagen. Dazu auch noch Frost.

Das hat es seit Jahren in Damme nicht mehr gegeben. Opa Just ärgert sich über das tägliche Schneeschüppen, freut sich aber auch jeden Morgen, wenn eine Amsel auf der Terrasse auf die Fütterung wartet. *Seine* Amsel. Sie verteidigt ihr Vogelhaus, sobald die Meisen und das Rotkehlchen kommen. Im Laufe des Morgens muss Opa noch zweimal den Bürgersteig räumen, bevor der Schneefall mittags nachlässt und die Sonne kurz aus den Wolken herausguckt.

Um Punkt zwölf Uhr schellt es unerwartet. Jule steht vor der Tür.

»Wir hatten eher aus«, lautet der knappe Kommentar.

»Möchtest du mitessen?«, fragt Oma, in der Hoffnung, dass Jule dann noch etwas bleibt.

Jule schaut auf den gedeckten Tisch. »Wenn ich darf? Kartoffeln und Blumenkohl esse ich ja gerne.« Sie lädt den schweren Rucksack im Flur ab, setzt sich an den Esstisch und reibt sich die roten Hände.

»Hattest du keine Handschuhe mit?«

»Nö«, meint Jule. »Für den Weg bis zur Bushaltestelle braucht man eh keine.«

»Das war früher anders«, meint Opa Just. »Ich habe im Winter immer zwei Paar Fausthandschuhe übereinander gezogen, wenn ich zur Schule fuhr.«

»Und zum weiteren Schutz gegen die Kälte hattest du noch die Stulpen«, ergänzt Oma.

Jule horcht auf. »Stulpen?«, fragt sie und wundert sich, während sie sich eine Portion Kartoffeln auf den Teller lädt. »Sind das etwa Overknees? Also – gestrickte Stulpen zum Warmhalten von Knien und Beinen? Die gab's damals schon?«

Opa Just schüttelt den Kopf. »Nein, natürlich nicht – gemeint sind diese Lenkerstulpen. Die sieht man heute gelegentlich auch noch an Mofas und Motorrädern.«

»Ach so ...« Jule nimmt sich etwas Blumenkohl. »Aber immerhin ganz schön fortschrittlich – obwohl ich glaube, dass Stulpen am Rad heute uncool aussehen.«

»Na ja«, schaltet sich Oma ein. »In oder out, cool oder uncool ... um diese modische Einstufung hat sich früher niemand gekümmert. Aber die normale Winterkleidung – Kopftuch oder Mütze, Schal, Wintermantel über dem Winterkleid, zwei Paar Socken über den langen Strümpfen, hohe Schnürschuhe und zwei Paar Handschuhe – also diese ganze Ausrüstung langte nicht, um den Körper vor der eisigen Kälte zu schützen. Ohne gefütterte Stiefel waren einem die Füße beim neun Kilometer langen Schulweg nach Cloppenburg ganz schön durchgefroren.«

Jule legt spontan die Gabel beiseite. »Und dann noch die zehn Zentimeter nackte Haut zwischen dem Kleid und diesem komischen Strumpfhalter! Das hast du doch mal erzählt. Ich kann es einfach nicht fassen, dass auch die Jungs nach dem Krieg im Winter kurze Hosen mit langen Strümpfen tragen mussten. Und dazu noch diese witzigen Strumpfhalter ...!«

Oma seufzt. »Ja. Die Jungs hatten es besser als die Mädchen. Ziemlich bald nach dem Krieg gab es die ersten langen Hosen zu kaufen.«

»Warum hat dann deine Mutter dir denn nicht wenigstens eine einzige Hose gekauft? Kein Geld, oder?«

Oma schmunzelt. »Das war nicht der Grund. Mutter hätte mir sicher gern eine lange Hose gegönnt. Nein, nein, es war schlicht und ergreifend für Mädchen und Frauen nicht schicklich, Hosen zu tragen.«

Jule wundert sich: »Oma, wie du dich wieder ausdrückst – ›nicht schicklich‹. Es gehörte sich also nicht, meinst du?«

Oma nickt und Jule schüttelt ungläubig den Kopf. »Das wär mir doch pottegal gewesen«, sagt sie. »Diese Haltung war doch echt bescheuert. Heute würde ein Arzt sogar jeder Oma, die sonst nur Kleider trägt, dringend raten, im Winter eine lange Hose anzuziehen, damit sie sich nicht eine Erkältung holt.« Jule scheint es immer noch nicht fassen zu können. »Was für eine verrückte Zeit!«, ruft sie aus. »Und wie sich das geändert hat! Charleen hatte ja auch lange diese Prinzessinnenallüren. Immer nur Kleider und Röcke, am besten mit glitzernden Pailletten. Aber in dem Winter, als sie im ersten Schuljahr war, wurde sie doch vernünftiger und hat freiwillig eine lange Hose angezogen.«

Jule nimmt sich noch einmal etwas Blumenkohl, und Oma reicht ihr die Sauce Hollandaise.

»Damals waren die Vorschriften für Mädchen unumstößlich, Jule. Ob du's glaubst oder nicht – mit einer langen Männerhose hätte die Direktorin unserer Mädchenschule mich am Morgen sofort wieder nach Hause geschickt.«

Jule stochert in ihrem Blumenkohl herum. »Ja, ja, diese Tussi, die so streng war – ähm, entschuldige Oma.« Sie schaut auf. »Aber, sag mal, dann gab es bei Glatteis oder starkem Schneefall doch sicher viel öfter schulfrei als heute? Ihr hattet sicher ja keine Räumfahrzeuge, oder?«

Oma nickt. »Das stimmt zwar, aber schulfrei wegen der Witterung gab es nie. Na, guck nicht so ungläubig! Wie sollte man denn auch die Schüler oder die Lehrer erreichen? Über das Radio? Wir hatten kein Radio.«

Jule denkt nach. »Und wie kamst du dann zur Schule – mit deinem klapprigen Melkrad? Oder bist du oft zu Hause geblieben?«

»Wo denkst du hin, Jule! An solchen Tagen weckte mich meine Mutter immer etwas früher, weil ich die Zeit zum Schieben des Rads mit einkalkulieren musste. Den Winterdienst der Gemeinde gab es ja, wie gesagt, noch nicht – also keinen Schneepflug, der den Weg freigeschaufelt hätte. Manchmal bin ich dann zwei Stationen mit dem Zug gefahren. Dazu musste ich mich aber zuerst einmal mit dem Rad bis zum Bahnhof durchkämpfen. Einmal kam der Zug nicht, weil er auf freier Strecke liegengeblieben war. Wir waren happy! Aber am nächsten Tag folgte ein böses Nachspiel. Alle Fahrschülerinnen wurden in der ersten Stunde aus dem Unterricht geholt und zur Direktorin zitiert.«

»Das kapier ich jetzt nicht, Oma. War doch logisch, dass ihr gefehlt habt.«

»Pass auf! Diese Szene habe ich noch genau vor Augen. Du musst sie dir so vorstellen: Alle Fahrschülerinnen standen aufgereiht vor dem Zimmer der Direktorin und warteten schweigend mit gesenktem Blick darauf, hereingerufen zu werden ...

Name, Klasse?

Maria R., Klasse 6 b.

Das Herz war mir beim strengen Blick der Direktorin schon längst in die Hose gerutscht. Ich fühlte mich ohne Grund schuldig.

Von welcher Bahnstation aus fährst du normalerweise nach Cloppenburg?, fragte die Direktorin.

Äh, also ... von Hem... von Hemmelte aus, stotterte ich.

Und warum bist du gestern nicht zur Schule gekommen?

Ich war ganz verwirrt. Hatte die Direktorin nicht mitbekommen, dass am Vortage alle Straßen und auch die Bahnstrecken durch die enormen Schneemassen blockiert gewesen waren?

Es kam doch kein Zug, der war hinter Essen auf der Strecke liegen geblieben, murmelte ich.

So, wirklich ...? Antworte bitte nicht so aufmüpfig! Die Wahrheit werde ich schon noch herausbekommen. Also, antworte mir ehrlich – be honest!

Dabei schaute mir die Direktorin streng in die Augen.

Also – warst du denn wirklich auf dem Bahnsteig von Hemmelte, als die Durchsage vom Zugausfall erfolgte?

Ich, äh ... ja ... Ja, ich war da.

Du machst mir aber einen sehr verunsicherten Eindruck. Lügst du mich etwa an? Du bist wohl von vornherein im warmen Bett geblieben? Gib's zu!

Da war es mit meiner Fassung vorbei und ich fing an zu schluchzen.

Heulen bringt bei mir nichts. Raus! Ich werde die anderen befragen, ob du geschwänzt hast oder nicht. Wer war noch bei dir?

Monika J. und Elke L. konnte ich gerade noch herausbringen, dann war ich wieder draußen und die Nächste wurde zum Verhör hineinzitiert.«

Jule ist ganz still geworden angesichts dieser gemeinen Unterstellungen. Jetzt holt sie tief Luft. »Ich kann's nicht fassen, dass die Schulleiterin euch so behandelt hat. Echt fies«, empört sie sich. »Und du hast dich hinterher sicher noch geschämt, weil du geweint hast?«

Das kann Oma nur bestätigen. »Klar – einige Mitschülerinnen waren natürlich viel selbstbewusster als ich. Meine Mutter hat mir nach diesem traumatischen Erlebnis jedenfalls später immer ein Attest ausgestellt – wenn es mal wieder heftige Schneefälle gab.«

»Ein Attest?«, fragt Jule ganz überrascht.

»Eine ganz offizielle Krankmeldung, ein Stück Papier mit einer Unterschrift. Das konnte auch die Direktorin nicht beanstanden.«

Jule denkt lange nach, dann seufzt sie. »Na – so kompliziert ist das heute mit dem Fehlen, Gott sei Dank, nicht. Wen interessiert das wirklich? Und welcher Klassenlehrer würde schon wie ein Detektiv Nachforschungen anstellen? Solange es nicht zu auffällig ist, dass jemand absichtlich die Schule schwänzt, meine ich. Außerdem stehen die Chancen heute viel besser, mal schnee- oder eisfrei zu bekommen. Wenn dann über WhatsApp schon am frühen Morgen die wunderbare Nachricht« – sie hebt die Stimme und übertreibt mit Genuss – »»Schneefrei‹ oder ›Eisfrei‹ durchgegeben wird ... Dann kann ich herrlich lange im warmen Bett liegen bleiben.« Sie zuckt die Achseln. »Hatten wir in diesem Jahr aber leider noch nicht. Schade.«

»Ja, ja, Jule, beschwör mir nur keine Katastrophen herauf! Aber lass mich zum Schluss doch noch bemerken, dass es früher eine Wetterlage gab, die oft zu einem Unterrichtsausfall führte – die aber heute leider meistens keinen Einfluss mehr auf die Unterrichtsdauer hat.«

»Aha, Oma. Also doch noch ein Plus für die alten Zeiten? Und was ist das gewesen?«

»Nun, in einem heißen Sommer konnte man stets mit mehreren hitzefreien Tagen rechnen. Hitzefrei gab's immer, wenn das Thermometer schon um zehn Uhr über fünfundzwanzig Grad anzeigte.«

»Irgendwie eine ganz verkehrte Welt«, meint Jule nachdenklich. »Früher gab's kein schnee- oder eisfrei, obwohl die Straßen unpassierbar waren. Da türmte sich der Schnee haushoch – und ohne Schneeschuhe und Schlittenhunde gab's wohl kein Durchkommen. Eure Schule hätte ebenso gut am Nordpol liegen können, oder etwa nicht? «

Oma schmunzelt und nickt. »Ja, bei starkem Schneefall und Frost war sie oft unerreichbar.«

»Und heute gibt's kein hitzefrei mehr«, fährt Jule fort, »obwohl die Schüler schon um zehn Uhr schlapp auf den Stühlen hängen oder dehydrieren, wie Frau Telemann sich immer so apart ausdrückt. Aber erzähl mal, wenn ihr eher aus hattet, was habt ihr dann gemacht? Seid ihr Eis essen gegangen? Nee, ihr hattet ja kein Taschengeld. Eigentlich jammerschade, dass es kein hitzefrei mehr gibt. Wohl wegen der Ganztagsbetreuung und des Nachmittagsunterrichts – oder weil die Lehrer keine Minusstunden haben wollen ...«

»Stopp, mein Mädchen«, geht Oma jetzt dazwischen, »nicht schon wieder auf die Lehrer schimpfen! Der Schulalltag – also auch die Bedingungen, die zu einem Unterrichtsausfall führen, das ist alles per Erlass genau geregelt. Vom Ministerium in Niedersachsen.«

»Na gut«, meint Jule und schaut Oma schelmisch von der Seite an. »Gehe ich dann Recht in der Annahme, dass es in unserer Familie auch gesetzlich geregelt ist, dass du mich jetzt nach Rüschendorf bringst, während Opa seinen wohlverdienten Mittagsschlaf hält?«

DIE NONNE UND IHR PONY

Die Sommerferien sind zu Ende. Charleen hat sich bei Oma zum Mittagessen angemeldet, denn sie muss schon am frühen Nachmittag wieder zurück in der Schule sein – zur Kennenlerntour mit ihren Schulpatinnen aus Klasse zehn. Da lohnt sich das Busfahren nach Rüschendorf nicht.

»Was ist denn geplant?«, fragt Oma und stellt die dampfenden Kartoffeln, den Broccoli und die Hähnchenschnitzel auf den Tisch.

»Eine Floßfahrt – auf welchem Fluss auch immer. Den Namen hab ich vergessen. Wird wohl nicht so'n kleiner Bach sein. Ich lass mich überraschen. Das wird echt geil!«

»Aha«, neckt Opa sie, »ich glaube, du freust dich so, weil du dir schon einen neuen Freund angelacht hast!«

Charleen errötet leicht. »Themawechsel, Opa! Das sagst du doch nur, weil ich in der Freizeit oft mit Leonard und anderen Jungs spiele. Glaubst du etwa, ich hätte *wirklich* schon einen Freund? Nee, nicht wahr? Oder wie war das bei dir früher?«

»Na ja«, flachst Opa weiter, »ich hatte ehrlich gesagt überhaupt keine Chance, ein Mädchen in der Schule kennenzulernen. Umgekehrt konnte Oma auch keinen Blick auf mich werfen. Oma war nämlich auf einer Mädchenschule.«

»Mädchenschule?«, fragt Charleen neugierig. »Eine Schule nur für Mädchen? Das ist irgendwie krass. Dann warst du, Opa, also logischerweise auf einer Jungenschule?«

Opa nickt. »Genau, Charleen. Und Oma auf der Liebfrauenschule.«

»Liebe Frauen? Hört sich gut an«, sinniert Charleen.

»Ob sie lieb waren, meinst du? Ja und nein«, erklärt Oma. »Der Name stammte von der katholischen Ordensgründerin. Pass auf, das wird dich interessieren, Charleen. An dieser Schule gab es nämlich eine Menge Vorschriften, die man als Mädchen beachten musste, besonders, was die Kleidung anbelangte. Mädchen hatten zu jeder Jahreszeit Kleider oder Röcke zu tragen, niemals Hosen. Später unter den Röcken im Winter höchstens eine bollerige Trainingshose. Ärmellose Kleider, nackte Beine und Füße waren tabu.«

Charleen schüttelt ungläubig den Kopf. »Unmöglich, Oma! Das hätte ich mir nicht gefallen lassen. Ich kann immer anziehen, was ich will. Nicht mal Mama redet mir da rein. Das sind ja strengere Regeln als bei den Muslimen.«

»Ich glaube, das kann man nicht vergleichen, Charleen. Nun weiter im Text. Unterordnung und Anpassung waren die obersten Prinzipien der Mädchenerziehung. Bei Widerworten gab es einen Eintrag ins Klassenbuch – oder die Eltern mussten erscheinen.«

Charleen muss laut lachen. »Da wäre unser Klassenbuch aber jede Woche voll – wegen der Jungs. Und wahrscheinlich hätte Mama auch schon in der Schule erscheinen müssen ...«

Charleen hat ein ausgeprägtes Gerechtigkeitsgefühl, kann sich selbst gut einschätzen und gibt sich nicht so schnell zufrieden – besonders nicht mit Kollektivstrafen.

»Na ja«, fährt Oma fort. »So schlimm wird eure Klasse doch wohl auch nicht sein. Hör zu – es geht noch weiter. Morgens mussten wir uns bei Wind und Wetter vor dem Schulgebäude aufstellen.«

»Aber nicht die Großen, oder?«

Charleen fragt deswegen nach, weil sie gerade in die Kategorie der »Großen«, das heißt in die Sekundarstufe, aufgestiegen ist.

»Oh, ja, alle – ohne Ausnahme!«, bekräftigt Oma. »Zum Unterrichtsbeginn, wenn die Lehrerin die Klasse betrat, erhoben sich alle Schülerinnen zur Begrüßung. Wurde man im Laufe des Unterrichts aufgerufen, musste man auch aufstehen und durfte dann erst antworten.«

Charleen räkelt sich am Tisch und muss gähnen. »Viel Gymnastik im Unterricht. Echt witzig, Oma.«

Ihr Teller ist leer. Oma räumt den Tisch ab.

»Ach, das war alles nicht so schlimm«, sagt Oma. »Diese Verhaltensweisen waren uns schnell in Fleisch und Blut übergegangen. Kritisch wurde es nur, wenn man eine Antwort schuldig blieb. Dann musste man bei einer bestimmten Lehrerin die ganze Stunde lang stehen bleiben.«

Jetzt ist Charleen wieder interessiert. »Und musstest du auch stehen bleiben, Oma?«

Oma holt den Nachtisch aus dem Kühlschrank. »Ziemlich oft sogar. Diese spezielle Lehrerin mochte keine Bauernkinder. Sie hat mich – aber auch andere Mitschülerinnen – oft am Anfang der Stunde – sogar noch in Klasse zehn! – aufgerufen und dann einfach stehen lassen. Obwohl ich die englischen Texte in- und auswendig kannte. Ich hatte immer Angst davor, dass sie mich mit ihren ironischen Worten fertigmacht. Und das hat sie auch.«

»Was hat sie denn so gesagt?« Das will Charleen jetzt aber genau wissen.

»Tja«, meint Oma nachdenklich und Charleen merkt, dass der Stachel dieser Worte sie damals hart getroffen hat. »Das wirst du wohl kaum fassen können. Ich erinnere mich noch genau. Sie sagte zu mir: *Da sitzt der fette Bauernspeck und gleich fährt Madame nach Hause und verspeist ein dickes Kotelett.*

Ich musste den ganzen Heimweg lang weinen ... und fühlte mich ganz gemein abgewertet und verletzt. Und übrigens«, fügt

Oma dann noch hinzu, »für mich standen mittags meistens nur Eintopf oder lauwarme Kartoffeln auf dem Herd. Ich meine, wenn ich nach zwei Uhr nach Hause kam, und alle schon wieder auf dem Feld waren.«

»Arme Omi! Das ist ja richtig fies! Und dick warst du früher sicher auch nicht, oder?« Charleen mustert Oma abschätzend von oben bis unten.

»Weißt du, Charleen ... Früher achtete man nicht so sehr auf die Figur wie heute. Auf eine Model-Figur war niemand aus. Aber das kannst du mir auf jeden Fall glauben: dick war ich als junges Mädchen bestimmt nicht, nur lang oder groß. Ich kann dir ja ein anderes Mal vielleicht ein Foto von früher zeigen, wenn's dich interessiert. Heute langt dazu die Zeit nicht.«

»Unverschämtheit«, grummelt Charleen vor sich in. »Fetter Bauernspeck‹ – das war ja Mobbing ersten Ranges! Deine Mutter hat sich doch sicher beim nächsten Elternsprechtag beschwert? Mama hätte das mit Sicherheit getan – und Papa auch.«

Oma schüttelt den Kopf. »Wo denkst du hin, Charleen? Meine Mutter hätte sich nie bei einem Lehrer beschwert. Und sowieso, wie sollte das gehen? In der Liebfrauenschule anrufen? Das traute sich niemand. Und am Elternsprechtag war Mutter vorher immer sehr aufgeregt.«

»Weil ihr zuhause nur Platt gesprochen habt?«, kombiniert Charleen.

Oma stellt den Nachtisch auf den Tisch. »Das war, so glaube ich heute, nicht wirklich der Grund. Meine Mutter beherrschte Hochdeutsch sehr gut, fühlte sich aber in dieser ganz anderen Schulwelt nicht wohl und konnte mir, wenn sie zurück war, selten etwas von dem berichten, was die Lehrer über mich gesagt hatten. Zu mir meinte sie immer scherzhaft, bevor sie nach Cloppenburg fuhr: *So, jetzt ziehe ich meinen besten Mantel mit*

Persianerbesatz an, setze meinen Sonntagshut auf und dann wird ›Bauers-
frau vom großen Hof‹ gespielt. Außerdem brauche ich wohl selbst kaum et-
was zu sagen. Die Lehrer haben ja die Weisheit für sich gepachtet.«

»Au, cool!«, ruft Charleen. »Das stimmt auch. Besonders die
Schulleiterinnen! Du bist da eine Ausnahme, Oma.« Charleen hat
sich jetzt ganz mit der Person ihrer Uroma identifiziert. »Und sag
mal, wenn deine Mutter in Sonntagskleidung zum Elternsprechtag fuhr, dann hat niemand bemerkt, dass statt des dicken Merce-
des auf dem Parkplatz nur ein klappriges Melkrad an der
Schulmauer lehnte?« Genüsslich lädt sie sich eine Riesenportion
Vanillepudding auf den Dessertteller. Oma möchte etwas sagen,
aber Charleen ist mit ihren Gedanken und Worten schneller.

»Du, Oma, Persianerpelz kenne ich nicht«, sagt sie. »Höchstens
Nerzmäntel aus alten Filmen.« Schon hat Charleen ihr Handy aus
der Tasche geholt und wischt darauf herum.

»Warte, Charleen, das brauchst du nicht extra zu googeln«, erklärt Oma. »Mutters Persianerbesatz war sicher nur eine Imitati-
on. Die echten Persianermäntel wurden aus wertvollem Schaffell,
genauer gesagt: Lammfell, das aus Persien oder Afghanistan
stammte, hergestellt. In unserer Gemeinde gab es nur ganz wenige Frauen, die einen solchen Persianermantel oder gar einen
Nerzmantel beim Kirchbesuch trugen. Das waren Mäntel für die
Ewigkeit, mit dem Hauch vom Reichtum der großen Welt.«

Charleen denkt nach. »Einen Pelzmantel würde Mama nie anziehen. Schon allein nicht wegen der getöteten wilden Tiere.«
Dann fügt sie hinzu: »Außerdem sähe Mama mit einem Pelz sicher ziemlich alt aus ... Sie soll lieber hübsch und sportlich bleiben ...«

»Ja, du und deine liebe Mama«, meint Oma vielsinnig. »Ihr seid
schon so ein ganz besonderes Gespann.«

Charleen steckt ihr Handy wieder weg. »Omi, erzähl doch noch etwas über die Nonnen als Lehrerinnen, das stelle ich mir irgendwie lustig vor.« Sie schaut auf die Uhr. »So viel Zeit haben wir noch.«

Oma nickt. »Warte, ich muss nachdenken ... Ja, jetzt fällt mir noch etwas ein: Obwohl es auch weltliche Lehrpersonen an dieser Schule gab, hatten wir bei einer Nonne Sportunterricht in Klasse fünf.«

Charleen ist erstaunt. »Und wie ging das? Die Nonne hat sich vorher umgezogen und euch dann in normalen Sportklamotten etwas vorgeturnt?«

»Keinesfalls. Es gab keine Umkleidekabinen in der Aula, in der auch Sport erteilt wurde. Wir Mädchen mussten uns auf der Bühne hinter den Vorhängen umziehen.«

Charleen schaut an die Decke, offenbar stellt sie sich das Ganze gerade vor. »Durftet ihr im Sommer dann wenigstens eine kurze Hose anziehen?«

Oma schüttelt den Kopf. »Über der Turnhose trug man ein kurzes Röckchen, eine Art Sportuniform, das war verbindlich für alle. Aber zurück zum Sportunterricht, oder besser gesagt – zu Schwester Libori. Denn so hieß die Schwester, die den Sportunterricht erteilte. Stell dir mal vor, Charleen, wie das aussah, wenn die Schwester so vor uns stand – in kompletter Ordenskleidung, ganz in Schwarz. Nur das Gesicht war mit einer geriffelten weißen Borde eingerahmt, an der ein Schleier befestigt war ...«

Das ist für Charleen fast unvorstellbar. Sie kennt nur die Franziskusschwestern aus dem Krankenhaus in Damme und die indischen Schwestern der Kirchengemeinde, bei denen der Schleier immerhin noch den Haaransatz erkennen lässt.

»Wir Mädchen haben uns oft überlegt, welche Frisur unter der Kopfbedeckung verborgen war«, fährt Oma fort.

»Bestimmt keine langen Haare oder ein Pferdeschwanz!«

»Genau, das wäre sehr unpraktisch gewesen. Nun, wir wussten eben nichts über Frisur und Farbe der verdeckten Haare.

Und jetzt kommt meine Story, pass auf! Im Sportunterricht von Schwester Libori ging es für heutige Begriffe ziemlich militärisch zu. Mit der Pfeife im Mund startete und beendete sie unsere Turnübungen. Ein wahrer Hit war für uns das Turnen an den Ringen. Einige Mitschülerinnen unterhielten uns dann gekonnt mit akrobatischen Vorstellungen. Eines Tages konnte eine der besten Turnerinnen Schwester Libori dazu überreden, uns einen sogenannten Aufschwung an den Ringen zu zeigen.

Sie haben uns doch erzählt, dass Sie den Aufschwung früher perfekt beherrscht haben?

So lautete der Anreiz. Zunächst zögerte Schwester Libori, aber dann hat sie wohl der Ehrgeiz oder die Lust gepackt. Sie stellte sich unter die Ringe, ergriff diese – und *schwups!* – drehte sich die kleine rundliche Person in der Luft und landete auf der Matte.

Wir klatschten begeistert, hatten aber bei der Schnelligkeit der Umdrehung keinen Blick auf das Unterkleid der Schwester erhaschen können. Doch im nächsten Augenblick lachten und kreischten wir alle lauthals. Was war passiert? Schwester Libori hatte mit den Füßen wohl ihre Haube berührt und gelockert, als sie den Aufschwung machte. Und jetzt war die Haube auf dem Boden der Turnhalle gelandet. So stand Schwester Libori völlig verdutzt vor uns – ohne die vertraute Kopfbedeckung. Sie sah viel jünger aus, als wir gedacht hatten – und sie hatte eine Ponyfrisur. Leider dauerte unser Vergnügen nicht lange, denn schnell raffte Schwester Libori die Einzelteile ihrer Kopfbedeckung zusammen und verschwand damit hinter dem Vorhang. Wir waren uns später nicht einig, ob ihr Haar rot oder blond gewesen war.«

»Radschlagen wäre ja auch nicht schlecht gewesen«, meint Charleen, die sich die Szene gerade vorstellt. »Am besten ein paar Mal hintereinander. Wirbelnde schwarze Riesenkugeln in der Luft.«

»Kannst du überhaupt noch ein Rad schlagen?«, wirft Opa scherzhaft ein. »Jetzt, wo du meinen ganzen Lieblingspudding weggefuttert hast?«

»Echt? Oh, tut mir leid, Opa!«, stammelt Charleen etwas betroffen.

»Opa spinnt mal wieder«, meint Oma augenzwinkernd. »Also, Charleen, wo bleibt deine Vorstellung?«

Charleen nimmt die Herausforderung an. »Wartet, dafür brauche ich eine lange Bahn. Darf ich im Wohnzimmer –?« Schon ist sie ins Wohnzimmer gestürmt, wirbelt durch die Luft und schlägt ein perfektes Rad. Zum Glück ist im Wohnzimmer genug Platz.

»Charleen, pack dir schnell noch etwas Verpflegung ein, wir müssen los«, meint Opa danach. »Sonst verpasst du noch dein Meeting mit Clemens oder Jan – oder wie auch immer deine neuen Freunde heißen. Du musst doch um zwei Uhr wieder bei der Schule sein.«

Charleen schaut Opa ziemlich missbilligend an, bleibt aber ganz cool, packt Brote und Getränke ein, und verzichtet zunächst auf eine Erwiderung. Dann aber baut sie sich groß vor Opa auf. »Gut, dass du mich hinbringst, Opa. Dann kann ich dir gleich Manni vorstellen. So heißt nämlich mein neuer Freund.« Sie hebt theatralisch die Stimme. »Manni ist der Schönste, Schlauste und Coolste der ganzen Klasse«, flötet sie.

Oma schüttelt ungläubig den Kopf. *Lange wird es sicher nicht mehr dauern, bis Charleen wirklich ihren ersten Freund hier anschleppt*, denkt sie. *Sie ist sicher nicht ohne Grund in diesem Jahr von einem Jungen aus der Nachbarschaft zur Schützenkönigin auserwählt worden.*

LOS, MARIA, SCHELL!

Oma ist wieder einmal im Kräutergarten 71 zu Besuch. Sie möchte sich den neu gestalteten Partykeller ansehen. Kaum hat sie die Haustür geschlossen, schellt es schon wieder an der Tür. Davor stehen Louisa und Josefa, sieben und vier Jahre alt, zwei kleine Mädchen aus der Nachbarschaft.

»Ist Cha-Cha da?«, fragen sie zögerlich, als Oma öffnet. Sie sind verwundert, dass die Oma, die sie zwar kennen – aber eben nicht *so* gut – an der Tür ist. Die beiden kleinen Mädchen mögen Charleen sehr und hoffen, dass die Großen sie auch heute Nachmittag wieder mitspielen lassen. Da erscheint Charleen auf der Treppe.

»Ich muss noch eben Deutsch machen«, ruft sie Louisa und Josefa freundlich zu. »Kommt ihr in einer halben Stunde wieder?«

Und schon trollen sich die beiden davon. Oma begleitet Charleen nach oben in ihr Zimmer. »Kann ich dir bei der Deutsch–Hausarbeit helfen?«, fragt Oma. »Dann kannst du schneller zum Spielen gehen.«

»Oh, ja, das wäre klasse«, meint Charleen und setzt sich sofort an ihren Schreibtisch.

»Warum nennen dich eigentlich alle Cha-Cha?«, fragt Oma.

»Findest du meinen Spitznamen denn gut?« Charleen dreht sich zu Oma um. »Ich denke, den haben mir die Kleinen verpasst«, erklärt sie, »weil er leichter auszusprechen ist als Charleen. Hattest du früher auch einen Spitznamen, Oma?«

Oma schüttelt den Kopf. »Zuhause nicht. Die Abkürzung ›Mia‹, die damals üblich war, hätte ich auch nicht gut gefunden.«

»Das ist heute aber wieder in – so wie Klara, Anna und Sefa«, meint Charleen lapidar. Sie hat inzwischen die Deutschmappe aus der Tasche gezogen und aufgeschlagen. »Ach, das bisschen Grammatik, das ist leicht«, stellt sie fest, nachdem sie den Zettel überflogen hat. »Zeiten bestimmen. Das hatten wir auch schon in der Grundschule –«

»Dann kann ich ja wieder nach unten gehen«, meint Oma.

»Nee, Omi, bleib doch«, bittet Charleen, »wir können doch nebenbei weiter quatschen. Ich schreib schnell die Bezeichnungen hin. Also ›Er wird kommen: dritte Person Singular, Futur eins‹.

»Richtig«, bestätigt Oma und beugt sich über Charleen, um die Antwort zu überprüfen. »Etwas besser könntest du aber schon schreiben«, mahnt sie – wie schon so oft. Sie als ehemalige Grundschullehrerin kann nicht verstehen, dass an den weiterführenden Schulen so wenig Wert auf eine saubere und klare Handschrift gelegt wird.

»Warum soll ich wie gestochen schreiben? Die Lösungen werden doch eh nur vorgelesen«, entgegnet Charleen und schon hat sie ein paar mehr Bezeichnungen hingekrickelt – trotz Omas Einwand. »Wo waren wir noch mal stehengeblieben?«, fragt Charleen nach. »Ach ja, bei den alten Vornamen ...«

»Genau. Jungennamen von früher wie Clemens, Karl, Johannes oder Paul sind wieder in Mode gekommen.«

»Wie wurdest du denn zu Hause gerufen, Oma?«

»Wenn jemand etwas von mir wollte, höchstens ›Mariechen‹. Aber diese Verniedlichung kam selten vor.«

»Und in der Grundschule?«

»Da wurden alle Marias stumpf ›Mieze‹ genannt.«

Charleen stellt sich gerade eine Miezekatze vor. Aber Oma als Miezekatze? Das passt nicht. »Hat der Lehrer auch Spitznamen gebraucht?«, will sie wissen.

Oma nickt. »Weißt du, ich erinnere mich nur an negative Beispiele. Der Lehrer hat Schülern Beinamen gegeben, die gar nicht lustig waren, wie zum Beispiel: *du alter Straßenrüpel, du alte Ziege* oder *du dumme Gans!* Alle Kinder einer bestimmten Familie bezeichnete er zum Beispiel als Esel.«

Jetzt wundert sich Charleen aber doch. »Der hat solche Schimpfwörter gebraucht? Durfte der das denn? Hat sich niemand beschwert?«

»Wohl kaum«, erwidert Oma. »Der Hauptlehrer war die absolute Autorität im Dorf. Drei Schüler, die nicht so gut im Auswendiglernen waren, nannte er immer: Kaspar, Melchior und Balthasar.«

»Nach den Heiligen Drei Königen?« Charleen wundert sich. »Das sind doch schöne Namen. Aber du hast doch eben gesagt —«

»— nun, das war ironisch gemeint«, erwidert Oma schnell. »Die drei Könige werden ja auch die drei Weisen genannt, also waren sie schlau, belesen und wussten viel ... Den drei Jungs an der Schule fiel das Lernen aber sehr schwer – im Gegensatz zu den drei Weisen. Also waren diese Titulierungen eine derbe Beleidigung. Du musst wissen, unser Lehrer machte sich oft über die Fehler und Schwächen der nicht so begabten Kinder lustig. Ein Nichtkönnen war für ihn dasselbe wie ein Nichtwollen.«

Charleen klappt ihre Deutschmappe zusammen. »Du meinst — wenn man zum Beispiel viele Fehler im Diktat hatte, musste man mit einer Strafe rechnen?«

»Was denn sonst! Zum Beispiel zogen zwölf Fehler in einem geübten Diktat genau sechs Stockschläge nach sich.«

»*Prügel?* Oma, du übertreibst.« Charleen steckt ihre Mappe in die Schultasche und wendet sich jetzt ganz Oma zu, die auf ihrem Bett Platz genommen hat.

»Keineswegs«, sagt Oma langsam. »Mädchen mussten die rechte Hand ausstrecken und der Lehrer schlug mit einem dünnen Stock auf die Innenfläche.«

Charleen betrachtet ihre kleine schmale Hand und setzt sich zu Oma aufs Bett. »Das muss ja höllisch wehgetan haben. Und du? Warst du auch mal dran?«

»Nein, Gott sei Dank nicht. Aber ich hatte immer fürchterliche Angst, weil mir das Verhalten des Lehrers so unberechenbar erschien. Schon allein die laute Stimme, das von Zorn gerötete Gesicht und der Ausdruck der Wut! Das kannte ich nicht von zuhause.«

Charleen nickt. Wie immer nimmt sie sehr schnell Anteil an dem, was Oma erzählt. »Oma, so etwas Ähnliches habe ich aber auch einmal erlebt«, sagt sie nach kurzem Nachdenken. »Meine Freundin und ich wurden erwischt, weil wir in der Pause in der Klasse geblieben waren. Da hatten wir ja natürlich eine Strafe verdient. Aber die Lehrerin hat so laut geschimpft, dass ich noch zu Hause deswegen weinen musste. So laut werden meine Eltern nie!«

Dieses Erlebnis in der Schule muss Charleen damals sehr getroffen haben, denn sie hat Oma schon mehrfach davon berichtet. Aber das sagt Oma nicht.

»Na ja«, meint sie schließlich besänftigend. »Da hatte die Lehrerin wohl schon mehr Ärger an dem Tag gehabt und ist ausgeflippt ...« Um das schlimme Ereignis nicht wieder aufleben zu lassen, erzählt Oma rasch weiter. »Pass auf, Charleen, jetzt kommt etwas Lustiges. Wegen der vielen Schläge in der Schule gab es natürlich gewisse Vorsichtsmaßnahmen ...«

»Wie? Erzähl!«

Oma rückt sich auf dem Bett zurecht. »Also hör zu: Ein Junge – ich glaube, er hieß Franz –, der an einem Tag damit rechnete, dass der Lehrer ihm einmal wieder den Hintern versohlen würde, hatte vorher seinen blanken Po mit ein paar Rhabarberblättern gepolstert. Als er seine Strafe antreten musste, schlich er geduckt nach vorne und legte sich schnell krumm über den Lehrerstuhl. Wir wunderten uns ein wenig, dass Franz so schnell nach vorne gekommen war. Und ... der Lehrer hat sich wahrscheinlich gewundert, dass die Schläge auf den Po ein anderes Echo erzeugten als sonst. Er ging dieser Sache aber nicht auf den Grund, weil Franz so laut schrie wie immer. In der Pause war Franz dann der Held des Tages. Alle Schulkinder haben ihn bewundert, als er mit den Rhabarberblättern in der Hand vom Toilettenhäuschen auf den Schulhof kam.«

»Und? Hat die Aufsicht auf dem Pausenhof denn nichts gemerkt?«, fragt Charleen nach, denn in ihrer Grundschulzeit war die Aufsicht immer präsent.

Oma schüttelt den Kopf. »Eine offizielle Aufsicht gab es nicht. Aber die größeren Schüler und Schülerinnen passten schon auf die kleineren auf. Der Hauptlehrer ging immer pünktlich um halb zehn Uhr zum Frühstücken. Auch sonst – in jeder Pause – begab er sich in das anliegende Lehrerhaus. Ich besaß natürlich damals noch keine Uhr, aber gefühlt blieb der Lehrer oft ziemlich lange weg – am längsten, wenn er tags zuvor einen über den Durst getrunken hatte. Väter, die auch abends in die einzige Wirtschaft des Ortes eingekehrt waren, warnten deshalb oft ihre Kinder am nächsten Morgen. *Passt bloß heute gut auf, macht keine Dummheiten! Euer Lehrer war gestern wieder stramm.*«

»Was heißt ›stramm‹?«

»Na ja – voll, abgefüllt mit Alkohol.«

Charleen kann sich nur wundern, steht auf und baut sich fragend und mit empörter Miene vor Oma auf. »Dann gingen wohl früher mehr Leute als heute regelmäßig in die Kneipe.«

»Stimmt. Aber nicht alle torkelten total betrunken nach Hause. Manche Männer kamen nur eben vorbei, um das Neueste zu erfahren oder um einen kleinen Klönschnack zu halten. Im Grunde hast du aber Recht, wenn ich so nachdenke. Vielleicht war der Alkoholkonsum damals bei den Älteren mehr verbreitet als heute.«

Oma winkt ab. »Lassen wir das Thema. Wie sind wir überhaupt darauf gekommen? Ach ja, durch die Sache mit den Spitznamen – den ›nicknames‹, wie du sagen würdest ... Aber Moment mal!« Oma scheint etwas eingefallen zu sein. »Ich muss dir noch unbedingt erzählen, dass ich auf dem Gymnasium doch einen ganz tollen Spitznamen hatte. Einen, der sich bei einigen Klassenkameradinnen bis heute erhalten hat.«

»Da bin ich aber gespannt, Omi.« Charleen schaut auf den Wecker, der auf ihrem Nachttisch steht. »So viel Zeit haben wir noch! Erzähl! Wie wurdest du denn genannt?«

»Ich wurde Maria Schell genannt.«

Charleen schweigt nachdenklich. Oma ist klar, dass Charleen mit diesem Namen nichts anfangen kann, genießt aber die Spannung.

»Ja – und?«, fragt Charleen schließlich ungeduldig. »Was ist daran so besonders? Maria Schell?«

»Maria Schell war eine bekannte deutsche Schauspielerin.« Charleen mustert Oma ungläubig. Oma genießt die Verwirrung, setzt sich gerade auf, reckt sich und schmunzelt.

»Ja, schau mich ruhig ganz genau an! Auch als ich noch ein junges Mädchen war, hatte ich nicht die geringste Ähnlichkeit mit dieser bekannten deutschen Schauspielerin, das kannst du gerne laut aussprechen. Nein, nein, es gab einen ganz praktischen Grund dafür, warum die anderen mich Maria Schell nannten. Hör zu!

Als es in der Liebfrauenschule noch keine elektrische Klingel gab, war ich dazu auserkoren – ich betone, *auserwählt* –, am Ende der Stunde mit einer großen Glocke über die Flure zu gehen, um die Pause einzuläuten.«

Charleen runzelt ungläubig die Stirn. »In welchem Jahrhundert war das denn, Omi? Ich meine – bis zu welcher Zeit im zwanzigsten Jahrhundert gab es keine elektrische Klingelanlage in eurer Schule?«

Oma denkt kurz nach. »Ich glaube, da war ich schon in Klasse zehn.« Zur Sicherheit rechnet Oma noch einmal nach. »Ja, so war es. Also, ich schätze bis 1958. Aber weiter im Text. Die Lehrperson, die gerade in unserer Klasse unterrichtete, wusste, sobald ich die Klasse verließ, dass die Stunde gleich schließen würde und sie zum Ende kommen musste. Aber manchmal, wenn es gar zu langweilig war, drängten mich meine Mitschülerinnen dazu, vorzeitig zu gehen:

Los, Maria, schell! Maria, schell endlich!

Und so entstand der Name: Maria Schell. Da es damals eine gleichnamige bekannte Schauspielerin gab, habe ich mich immer mit ihrer Identität geschmückt.«

Oma verwendet das Nomen »Identität« ganz bewusst, weil sie weiß, dass Charleen den Begriff aus dem beliebten Spiel »Die Werwölfe vom Düsterwald« kennt. Dieses Spiel, in dem man in die Rollen – beziehungsweise Identitäten – von Werwölfen und Vampiren schlüpfen muss, haben die Meyers im Urlaub auf Kreta einige Male am Abend mit großem Vergnügen gespielt.

»Ach«, seufzt Charleen, »manchmal wünsche ich mir auch eine andere Identität ...« Weiter kommt sie aber nicht.

»Cha-Chaaaaa!«, hört man von unten mehrere Stimmen rufen. »Bist du jetzt endlich fertig mit den Hausarbeiten?«

Dann klingelt jemand Sturm.

Charleen springt auf und lacht. »Das sind sicher meine kleinen Fans. Tschüss, Maria Schell! Bis später!«

Und schon saust sie die Treppe hinunter.

Oma bleibt noch einen Moment sitzen. *Ich hätte doch zu gern noch gewusst, welche Identität Charleen sich zur Zeit gerade wünscht,* denkt sie. *Da muss ich unbedingt noch einmal nachhaken.*

SIE ISST NOCH NICHT MAL ZUCKERBROT

Es ist Mitte Februar. Die Grippewelle ist in Niedersachsen noch nicht abgeklungen. Draußen ist es bitterkalt. Opa hat den Kamin angemacht. Das Feuer knistert und verbreitet eine wohlige Atmosphäre. Charleen verbringt dieses Wochenende bei Oma und Opa, was beide sehr genießen. Gerade haben sie eine Partie Rummy beendet und machen eine Apfelpause. Das ist ein Ritual, das beide Großeltern schon seit dem Kindergartenalter mit ihrer jüngsten Enkelin praktizieren.

»Ist die Grippewelle an deiner Klasse vorbeigegangen, oder fehlen immer noch so viele Schüler?«, fragt Opa und sortiert die Rummy-Spielsteine wieder in die Schachtel ein.

»Eigentlich sind wir damit durch«, meint Charleen und starrt nach draußen. Regen klatscht an die Fensterscheiben. »Mich hat die Grippe nicht erwischt, aber manche Schüler waren über zwei Wochen lang krank. Komisch, ich habe noch nie länger als einen Tag in der Schule gefehlt«, stellt sie überrascht fest.

»Glückwunsch«, meint Opa, klappt die Rummy-Schachtel zu und stellt sie zurück in den Wohnzimmerschrank.

»Nee, nee, leider Pech gehabt«, entgegnet Charleen. »Zuhause zu bleiben und von allen betüdelt zu werden ist auch schön!«

»Auf die Dauer aber nicht«, seufzt Oma. Sie ist gerade aus dem Fahrradraum zurück mit einer Handvoll frischer Äpfel. »Ich habe oft in der Schule gefehlt – meistens wegen Erkältungskrankheiten. Einmal sogar wegen einer Lungenentzündung und Verdacht auf Diphtherie. Da bin ich dem Tod nur so eben von der Schüppe gesprungen«.

»Lungenentzündung?« Charleen horcht auf. »Hatte ich als Baby auch mal. Das hat Mama mir erzählt. Zum Glück hat sie früh genug reagiert, sodass ich die entsprechenden Medikamente bekam.«

Oma setzt sich an den Tisch und nickt. »Ja, und du warst dann oft an der frischen Luft. Ich erinnere mich noch, dass ich beim Babysitten mindestens jede halbe Stunde in den Kinderwagen geschaut habe, wenn ich allein mit dir war. Du sahst so blass aus, wenn du schliefst, und ich habe immer deinen Puls gefühlt, voller Sorge, ob du wohl noch lebst.«

»Solche Sorgen hast du dir um mich gemacht?« Charleen macht große Augen. Aber nicht nur vor Überraschung, sondern auch vor Dankbarkeit.

Oma nickt. »Klar, du warst doch unser größter Schatz. Mit einem dritten Kind bei den Meyers aus Rüschendorf hatten wir nämlich nicht mehr gerechnet ...« Oma schält einen Apfel, zerteilt ihn in acht Stücke und reicht Charleen eines davon.

»Aber Oma«, meint Charleen, während sie das glänzende Apfelstück nachdenklich in den Fingern dreht, »warum hast du dir überhaupt solche Sorgen gemacht? Mama konnte die Krankheit doch sofort richtig einschätzen.« Charleens Mutter, Katja, ist Kinderkrankenschwester.

Oma ist gerade damit beschäftigt, einen zweiten Apfel zu schälen und sie antwortet darum nicht sofort auf Charleens Frage. Ihre Enkelin scheint das nicht groß zu kümmern. Sie beißt in ihr Apfelstück und kaut darauf herum. »Wie hat denn deine Mutter überhaupt gemerkt, dass du so schwer krank warst?«, fragt sie schließlich.

Oma hält mit dem Apfelschälen inne und denkt kurz nach. »Ein Zufall hat mir geholfen. Ich weiß es noch genau, denn damals war ich schon zwölf. Es war mitten im Sommer, also in einer Jahreszeit, in der sonst kaum jemand krank wurde. Ich fiel beim Schaukeln plötzlich vom Sitz und blieb bewusstlos liegen. Als ich dann endlich wieder aufwachte, konnte ich die Beine nicht mehr bewegen und musste ins Haus geschleppt werden. Mutter war ratlos, weil ich nicht aufhören konnte zu zittern.«

Charleen hat es sich inzwischen bei Opa auf dem Sofa gemütlich gemacht und sich eine Decke um die Schultern geschlungen. Sie hängt ganz an Omas Lippen und fragt sich wohl, was weiter geschah.

Oma fährt fort. »*Fieber im Sommer? Normalerweise gibt es das nicht, das kann nicht sein* – so lautete die einhellige Meinung der Erwachsenen. Als sich nach einer Stunde noch keine Besserung zeigte, holte Mutter endlich das Fieberthermometer aus der Nachttischschublade. Fieber wurde damals noch in der Achsel, also unter dem Arm, gemessen. Das Ergebnis löste einen großen Schrecken aus: 40,2 Grad. *So hohes Fieber?* Das konnte auf keinen Fall stimmen. Schnell wurde noch einmal nachgemessen. Wieder zeigte die Skala diesen hohen Wert an. Jetzt brach Panik aus.

Mutter rannte zur Nachbarin, um einen Arzt in Cloppenburg anzurufen. *Ich komme gegen Abend, Frau Rechtien, wenn ich die Praxis geschlossen habe* – so lautete die knappe Ansage des Arztes. In der Zwischenzeit versuchten Mutter und Tante mit kalten Wadenwickeln – einem auch heute noch angewandten Hausmittel – das Fieber zu senken.«

Charleen zieht die Decke enger um ihre Schultern und schüttelt ungläubig den Kopf. »Aber das war doch ein Notfall, Omi! Warum seid ihr denn nicht einfach mit dem Auto ... Ach ja, ihr hattet ja keins. Und auch euer Nachbar nicht. Obwohl der Bäcker war ...«

»Ja. Genau so war's.« Oma nickt. »Der Arzt aus Cloppenburg fuhr grundsätzlich nur abends zu Hausbesuchen übers Land –

und auch nur bei schweren Krankheiten. Wenn jemand also den Wagen des Cloppenburger Arztes irgendwo in Warnstedt auf einem Hof stehen sah, ging im Dorf schnell das Gerücht von einer lebensgefährlichen Erkrankung um.«

Oma nimmt die Schale mit den geschälten Apfelstücken vom Tisch und setzt sich zu Charleen und Opa auf die bequeme Couch.

»Und als dieser Doktor gegen Abend endlich bei uns eintraf«, fährt Oma fort, »muss er wohl ein sehr ernstes Gesicht gemacht haben, nachdem er mich abgehorcht hatte. *Lungenentzündung und Verdacht auf Diphtherie* – so lautete die Diagnose. *Sie ist noch nicht über'n Berg. Die nächste Woche wird's zeigen.*

Dann hieß es abwarten – ob der Körper genug Heilungskräfte entwickeln würde, um die Krankheit zu bekämpfen.« Oma reicht Opa die Apfelschale, aber Opa bemerkt es nicht. Er blättert gerade in der Fernsehzeitschrift. Wahrscheinlich hat er Omas Geschichte schon häufiger gehört.

»Hast du denn keine Medizin bekommen?«, fragt Charleen verdutzt.

Oma wiegt nachdenklich den Kopf. »Ob ich ein wirksames Medikament bekommen habe, weiß ich nicht. Ich glaube nicht, dass Penicillin damals schon industriell vertrieben wurde.«

Charleen schlingt die Decke noch enger um sich. Sie ist sichtlich schockiert. »Mannomann, Oma, eine wirkliche Katastrophe«, flüstert sie verhalten. Dann aber fällt ihr etwas ein. »Aber Moment mal, war die Krankheit denn nicht ansteckend? Du hättest doch isoliert werden müssen, so wie neulich Steffi. Da durfte ich im Krankenhaus überhaupt nicht ins Zimmer – und einen Schutzanzug wollte ich nicht extra anziehen. Ich habe Steffi nur schnell durch die offene Tür Hallo gesagt – und das Geschenk bei der Krankenschwester abgegeben.«

»Solche Vorsorgemaßnahmen kannte man damals noch nicht«, erklärt Oma. »Aber du hast schon recht, Charleen. Doch – Gott sei Dank – hat sich niemand infiziert.« Oma stockt. »Das glaube ich zumindest, denn von der ersten Woche weiß ich eh nichts mehr.«

Charleen reißt erschrocken die Augen auf. »Da warst du im Koma?«

Oma zuckt die Achseln. »Ich kann mich jedenfalls an nichts mehr erinnern. Aber die folgenden langen Wochen habe ich noch genau vor Augen. Da folgte nämlich eine totale Isolation.«

»Also doch!« Charleen nickt, als hätte sie es längst gewusst. »Und da durfte niemand zu dir – nur mit Mundschutz und spezieller Kleidung.«

Oma schüttelt den Kopf. »Nein, nein. So habe ich das nicht gemeint, Charleen. Mit Isolation meine ich die unendlich langen Stunden an den heißen Sommertagen, die dann folgten, als ich wieder ganz bei Bewusstsein war. Das war Langeweile pur. Ich war sehr schlapp, konnte mich kaum aufrichten, musste liegen – immer nur liegen und liegen – und es gab null Abwechslung oder Unterhaltung. Das Einzige, was ich tun konnte, war, unentwegt an die Holzdecke hoch über mir zu starren – um vielleicht Unterschiede in der Farbe und der Maserung der Balken zu entdecken.«

Charleen hat andere Erfahrungen gemacht. »Aber ein bisschen hätte deine Familie dich doch verwöhnen können«, meint sie, und Oma hört deutlich den vorwurfsvollen Tonfall heraus, »wenn ihr schon keinen Fernseher und kein Radio hattet, meine ich. Deine Schwestern –«

»– konnten auch nicht stundenlang an einem Krankenbett herumsitzen und die Zeit totschlagen«, beendet Oma den Satz. »Morgens waren sie in der Schule. Nachmittags mussten sie Hausaufgaben machen und danach bei der Ernte helfen. Es war ja Sommer.« Oma schaut nach draußen in den Regen, der allmählich zu Schnee übergeht. »Ich glaube, ich habe viel geheult«, fährt sie schließlich fort. »Sicher auch herumgenörgelt, als ich mich wieder kräftiger fühlte. Aber das nützte sowieso nichts, weil niemand mich hörte – oder mein Geheule hören wollte. Einmal in der Woche kam der Arzt zur Visite. Er brachte mir immer eine Apfelsine mit, das war nett. Und ich musste die Apfelsine *nicht* mit Irmgard und Hedwig teilen. Sicher haben mich beide um diese exotische Frucht beneidet.«

»Wenigstens etwas Vitamin-C-Zufuhr«, stellt Charleen zufrieden fest und nimmt sich noch ein Apfelstück vom Teller.

Oma nickt. »Später aber durfte ich dann einige Stunden draußen im Garten sitzen und hatte so etwas Abwechslung. Ich konnte zusehen, wie die anderen die Getreideernte einbrachten, Äpfel pflückten oder Eier aus dem Hühnerstall holten ...«

»Hattet ihr denn keinen Hund?«, fragt Charleen plötzlich. »Jule nimmt abends immer Sally und Fibi mit in ihr Zimmer. Ein Hund hätte dir doch auch Gesellschaft leisten können, oder nicht?«

Oma schmunzelt. »Im Prinzip eine gute Idee, Charleen. Ich weiß, bei euch haben alle Tiere Familienanschluss. Aber bei uns früher lag der Hofhund an einer Kette in der großen Diele – ganz in der Nähe der Tore, die er zu bewachen hatte. Die Hofhunde waren fürchterliche, wilde Gesellen, die nur darauf aus waren, den Grund und Boden gegen jeden Fremden zu verteidigen. Das waren keine Schoßhunde, mit denen man spielen konnte. Sie durften auch nicht ins Haus. Bei der Verbindungstür zwischen Diele und Küche war Schluss. Frag mal deinen Papa oder Onkel Andy, wenn du mir nicht glaubst. Die haben noch Waldo, einen schwarzen, bissigen Rüden, kennengelernt ...«

Charleen aber scheint Oma zu glauben. Das kann man zumindest aus ihrem Blick herauslesen.

»Nur gut, dass Jule die Hühner nicht mit ins Zimmer nimmt«, lenkt Oma jetzt das Gespräch wieder in weniger gruselige Bahnen. »Ich meine – dass es die Hunde sind und nicht die Hühner.«

»Hä? Ich versteh nicht.«

»Nun, Jule hat doch Hühnereier mit der Brutmaschine ausgebrütet – in ihrem eigenen Zimmer- und später dort drei Küken im verlassenen Hamsterkäfig großgezogen.«

»Ach, das meinst du.« Charleen winkt ab. »Ja, mit den Hühnern ist sie ganz verrückt. Du hättest sie neulich mal erleben sollen, wie sie die verteidigt hat, als der Tierarzt wegen der Vogelgrippe kam, und eine Probe nehmen wollte.«

Oma horcht auf. Normalerweise weiß sie immer bestens über alle Neuigkeiten aus Rüschendorf Bescheid, aber davon hat sie noch nichts gehört. »Erzähl!«, bittet sie Charleen.

Ihre Enkelin setzt sich auf. Sie scheint sich darüber zu freuen, aus erster Hand von Dingen berichten zu können, die Oma noch nicht kennt. »Also Omi, hör zu! Der Tierarzt meinte: *Das sind doch bloß Hühner!* – und Jule ganz erbost: *Bloß Hühner? Nein, das sind Pipsi, Popkorn, Constanze, Bettina und Lady Gagack. Das sind ganz individuelle lebendige Wesen mit unterschiedlichen Eigenarten.*«

Oma kann sich das Lachen nicht verkneifen. »Da hat Jule es dem Tierarzt aber gegeben. Aber die Proben waren ja wohl, Gott sei Dank, negativ? Dann war ja alles okay?«

Charleen zuckt die Achseln. »Na ja, Jule wollte den Tierarzt dazu anhalten, nicht so ruppig mit den Tieren umzugehen. Sie bestand darauf, zuerst ruhig mit ihren Lieblingen zu sprechen, um sie auf die Prozedur vorzubereiten – was ihr auch gelungen ist. Da musste der nervige Tierarzt eben warten.«

Oma versteht. »Weißt du, Charleen, bei uns hatten zwar Kühe und Pferde auch Namen, aber Hühner und Schweine bestimmt nicht. Auf dem Bauernhof musste man eben auch mit dem Schlachten oder dem Tod von Tieren leben.«

Man sieht Charleen an, dass ihr nicht ganz wohl ist bei dem neuen Thema. Aber neugierig ist sie doch. »Habt ihr denn Hühner auch selbst geschlachtet?«, fragt sie vorsichtig. »Du auch?«

»Ich? Nein, auf keinen Fall. Das konnte und wollte ich nicht. Aber von weitem zugesehen habe ich schon, wenn samstags ein Huhn dran glauben musste. War das Huhn einfangen, wurde sein Kopf auf einen Holzklotz gepresst. Und dann wurde der Kopf mit einem einzigen Axthieb abgetrennt. Manchmal flatterte das Huhn auch ohne Kopf noch ein paar Sekunden auf dem Boden weiter ...«

Charleen schüttelt sich. Und das, obwohl sie die warme Decke eng um sich geschlungen hat und das Feuer munter im Kamin vor sich hinprasselt. »Hör auf, Oma! Ich glaub, ich bin im Horrorfilm ...« Doch ihre Neugier scheint noch nicht gestillt. »Aber, warum?«, fragt sie schließlich leise. »Wieso flatterte das Huhn denn noch weiter?«

»Das ist einfach zu erklären«, meint Oma. »Beim Abtrennen des Kopfes werden die Nervenstränge im Hals zerschnitten. Diese befeuern den Körper noch einige Sekunden mit Energie und versetzen das kopflose Tier so in wilde Zuckungen.«

Charleen presst sich die Hände auf die Ohren und schließt die Augen. »Hör auf, Oma, so genau will ich's gar nicht wissen.«

Oma beruhigt Charleen. »Ich weiß, auch wenn das Tier dann nichts mehr spürt, schön ist das nicht.« Sie schaut auf den leeren Teller auf dem Tisch. Der Apfelvorrat ist längst aufgebraucht. »Egal. Jetzt sind wir vom Hund auf das Huhn gekommen. Hunde waren, wie gesagt, auf dem Hof meistens Wach- oder Jagdhunde. Auch im Winter kamen sie nicht in die Wohnräume, dann schon eher die Katzen.«

Charleen hat den leeren Apfelteller ebenfalls bemerkt. »Schälst du noch einen, Opa?«

Opa nickt und legt die Fernsehzeitung beiseite.

»Sag mal Oma«, nimmt Charleen den Faden wieder auf, »als du so krank warst, hat dir da jemand die Hausaufgaben gebracht? In der Grundschule war das bei uns so.«

Oma schüttelt den Kopf. »Nein, das ging nicht, niemand aus meinem Jahrgang – also von den anderen Kindern in Warnstedt – besuchte damals die Höhere Schule. So nannte man das Gymnasium, weißt du. Außerdem war ich doch viel zu schlapp, um Hausaufgaben zu machen. Und ohne Anmerkungen und Erklärungen zu den Aufgaben bringt das Ganze eh nichts. Aber um deine Frage zu beantworten: Ich glaube, es hat acht Wochen gedauert, bis ich wieder ganz auf die Beine kam. Aber zwischendurch gab es für mich noch eine tolle Überraschung.«

Charleen grinst. »Erzähl, Oma! Endlich mal etwas Positives.«

»Ja, da gab es ein tolles Erlebnis. Ich erhielt nämlich unerwartet Post von meiner Klasse. Ich glaube, ich hatte bis dahin überhaupt noch nie einen Brief bekommen, der ausschließlich und ganz persönlich nur an mich gerichtet war. Und dann kam auf einmal ein dicker, fetter, schwerer Umschlag! Mit fünfundvierzig Briefen darin! Ich sehe mich noch im Bett sitzen, inmitten der ganzen Flut von Briefen. Beim Öffnen eines jeden neuen Umschlags musste ich allerdings immer wieder laut lachen. Und zwar, sobald ich die ersten Zeilen gelesen hatte ...«

»Fünfundvierzig Briefe?« Charleen scheint in höchstem Maße erstaunt. »Dann wart ihr auch fünfundvierzig Kinder? Noch auf der weiterführenden Schule?« Sie schüttelt ungläubig den Kopf. »Bei uns dürfen es nur fünfundzwanzig sein.«

Oma schmunzelt. »Na ja, wir waren ja auch viel braver als ihr heute. Deswegen war diese große Anzahl von Schülerinnen für die Lehrpersonen kein Problem.«

Charleen seufzt. »Oma, das Thema hatten wir schon oft. Wie du immer sagst: ›Olle Kamellen!‹ Aber warum musstest du beim Lesen der Briefe so lachen?«

»Nun – alle Briefe begannen ausnahmslos mit denselben Worten: *Liebe Maria, wie geht es dir? Mir geht es gut. Hoffentlich kommst du bald wieder.*« Oma schmunzelt immer noch. »Aber gefreut habe ich mich total. Die Briefe habe ich lange wie einen Schatz unter dem Bett verwahrt.«

Opa hat zwei neue Äpfel geschält und Charleen greift beherzt zu. »Und als du dann nach acht Wochen wieder in der Schule warst, da hattest du doch viele Lücken – oder, Omi? Also war Nachhilfe angesagt ...«

Oma nickt, aber mehr zu sich selbst. »Ja, Stichwort Nachhilfe. Das wäre heute kein Problem. In Damme gibt es mindestens drei Anlaufstellen. Aber damals, in einem kleinen Dorf ... nun ja ... Der einzige Nachhilfelehrer, der in Frage kam, war der strenge Hauptschullehrer, den ich im ersten Schuljahr hatte. Davon habe . dir doch erzählt, Charleen. Aber erstens hätten wir kein Geld für diese Stunden gehabt und zweitens wäre ich auf keinen Fall zu diesem Lehrer gegangen. Vor lauter Angst hätte ich nichts lernen können.«

»Also hattest du viele Vieren auf dem Zeugnis«, folgert Charleen. »Oder sogar eine Fünf?«

Oma schüttelt den Kopf. »Nö, Charleen. Ich musste nur in Englisch den Stoff ganz allein durchackern. Und habe es dann immerhin noch auf eine Dreiminus im Halbjahreszeugnis gebracht.« Oma denkt kurz nach. »Wobei die Englischlehrerin sicher ein Auge zugedrückt hat. Was damals selten vorkam.«

»Also mir hätten Papa und Mama, Luca und Jule helfen kön-nen«, stellt Charleen zufrieden fest. »Oder du oder Opa. Eigent-lich alle.«

Opa steht auf, um sich die Beine zu vertreten. »Gut, dass ich euch keine Nachhilfe geben muss«, grummelt er. »Ehrlich gesagt, nach über vierzig Jahren Schule habe ich null Bock auf dieses ganze Pauken.«

Da erscheint plötzlich Mama Katja in der Tür. »Hi, ihr Lieben! Hi, Charleen. Kannst du bitte deine Sachen einpacken, dann dü-sen wir gleich los.«

Charleen schaut Mama flehend an. Jetzt folgt wieder ihre Ver-längerungstaktik, die Oma und Opa schon von klein auf kennen. »Mann, Mama, kann ich nicht noch etwas bleiben? Opa, kannst du mich später bringen?«

Opa nickt, aber Mama lässt nicht locker.

»Cha-Cha, du wolltest doch noch deine Reli-Mappe fertig ma-chen. Heute Abend bist du zu müde dazu.«

Wie immer hat Katja schlagkräftige Argumente. Auch Charleen sieht das rasch ein.

»Eigentlich wollten wir noch weiter Rummy spielen«, mault sie weiter. Aber nach einer Weile dreht sie den Hebel um. »Na, *guu-ut*«, erklärt sie gedehnt und macht sich auf, ihren Trolley aus On-kel Andys Zimmer zu holen. Mama wartet schon an der Tür. »Danke, dass ich hier sein durfte!«, ruft Charleen noch höflich ihren Großeltern zum Abschied zu. Sie bedankt sich immer, auch für jede Kleinigkeit. Das hat sie manchmal ihren Schwestern vor-aus.

Oma begleitet ihre jüngste Enkelin zur Haustür und bekommt noch gerade mit, wie Katja fragt: »Na, war's gut?«

»Klar, wie immer. Das einzig Doofe ist nur, dass Oma und Opa schon alt sind.«

Was dieser markante Satz genau zu bedeuten hat, das hätte Oma allzu gerne gewusst, aber Katja anscheinend auch. Sie fragt sofort nach: »Was meinst du damit, Cha-cha?«

Die Antwort kann Oma leider nicht mehr hören, denn schon klappt die Autotür zu und die beiden düsen davon.

FRIEDE SEI MIT EUCH!

Oma und Charleen sind heute Abend allein. Der Rest der Familie schaut sich im Kino in Damme einen Film an, der erst ab zwölf Jahren freigegeben ist. Es ist acht Uhr abends und die untergehende Sonne sendet ihre letzten Strahlen in das geräumige Wohnzimmer, taucht es in ein gedämpftes Licht. Fibi und Sally liegen auf dem Fußboden, schlafen entspannt auf dem Rücken und haben alle Viere von sich gestreckt. Oma und Charleen sitzen nebeneinander auf dem schwarzen Ledersofa und überlegen, wie sie den Abend miteinander verbringen wollen.

»Omi, eins muss ich sofort mal klarstellen. Papa hat gesagt, dass ich so lange aufbleiben darf, bis die anderen aus dem Kino zurück sind. Nicht, dass du mich wieder eher ins Bett schickst.« Charleen will vorsorglich den zeitlichen Rahmen abstecken.

Oma beruhigt sie. »Okay. Hab ich kapiert. Keine Sorge. Was wollen wir also machen?«

»Etwas spielen? Warte, ich hole Rummy. Das magst du doch auch?« Charleen springt auf, lässt sich aber gleich wieder auf die Couch fallen. »Nee, mir fällt noch etwas Besseres ein. Erst erzählst du mir eine Geschichte von früher. Heute ist ja ausnahmsweise niemand da, der blöd dazwischenquatscht.«

Charleen genießt immer die Situationen, in denen sie eine Bezugsperson ganz für sich hat, was selten genug vorkommt.

»Eine Geschichte von früher«, überlegt Oma. »Da muss ich mal scharf nachdenken ...«

»Brauchst du nicht, Omi. Ich hab schon eine Idee.« Charleen holt tief Luft. »Sag mal, wie lange warst du eigentlich Lehrerin?«

Oma rechnet nach. »Von 1964 bis 2004, genau vierzig Jahre.«

Charleen guckt erstaunt. »Puh, so lange? Und immer an derselben Schule?«

»Oh, nein, insgesamt waren es sechs verschiedene Schulen.«

»Sechs verschiedene Schulen? Dann musst du unheimlich viel erlebt haben. Fällt dir nicht irgendwas Besonderes ein, was du nie vergessen hast? Am besten was Lustiges«, fügt sie noch hinzu.

Oma denkt lange nach, und Charleen mustert sie aufmerksam. Dann entspannt sich Omas Miene plötzlich. »Ja, warte mal! Mir steht etwas besonders Witziges vor Augen.«

Jetzt ist Charleen ganz Ohr und rückt näher an Oma heran.

»Also, ich erzähl einmal alles der Reihe nach. Es muss im Jahr 1972 gewesen sein. Ich unterrichtete in Klasse fünf bis sieben des Gymnasiums in Damme die Fächer Englisch, Deutsch und Katholische Religion. Damals befand sich das Gymnasium noch im Aufbau, es gab noch keine Abiturjahrgänge. Ich war Klassenlehrerin einer fünften Klasse, was nicht ganz einfach war. Manche Schüler brauchten sehr viel Zuwendung, sie kamen ja direkt von der Grundschule, wo die Dinge noch ganz anders liefen als am Gymnasium – mit erheblich höheren Anforderungen und anderen Umgangsformen. Besonders schwierig war das Eingewöhnen in die neue Schulform für die Internatsschüler, die in einem Heim in der Nähe untergebracht waren.«

»Internat?«, fragt Charleen. »Hört sich so nach Knast an …«

Oma schüttelt den Kopf. »Na, so streng war es dort auch wieder nicht.«

»Aber die Schüler sind doch ständig unter Aufsicht und müssen viele Regeln beachten«, wirft Charleen ein. »Das kenne ich von den Harry-Potter-Büchern. Was für Schüler waren das denn überhaupt? Ich meine, warum gaben die Eltern sie überhaupt weg?« Ihre gute Laune von eben scheint mit einem Mal verflogen. »Ich würde das nicht mit mir machen lassen!«, schnaubt sie empört.

»Wenn Luca und Jule allerdings im Internat wären, dann hätte ich endlich meine Ruhe!«

Warum ist Charleen denn nur so wütend?, denkt Oma. *Nur weil sie nicht mit ins Kino durfte? Oder ist heute Nachmittag noch etwas anderes vorgefallen?*

Was auch immer es sein mag, das möchte Oma jetzt nicht aufarbeiten.

»Stopp, Charleen! Diese Gezicke steht jetzt nicht zur Diskussion. Außerdem könnten deine Eltern bestimmt nicht die Internatskosten für zwei Kinder aufbringen. Du wolltest doch eine lustige Geschichte von mir hören, oder nicht?«

»Ja, schon ...«

»Na also, dann hör zu. In dieses Internat kamen oft Jungen aus unterschiedlichen Gründen. Vielleicht, weil die Eltern beruflich viel unterwegs waren, vielleicht, weil sie getrennt lebten – das gab es damals allerdings noch nicht so häufig wie heute –, vielleicht, weil die Eltern sich eine besonders gute Erziehung für ihre Kinder wünschten, oder, weil ihre Kinder auf Nachhilfe bei den Hausaufgaben angewiesen waren. Vielleicht aber auch, weil sie zu Hause große Probleme mit ihren Kindern hatten.«

»Also wäre das Internat doch etwas für Jule —«

»Charleenchen«, unterbricht Oma sie besänftigend und nimmt ihre Enkelin in den Arm. »Jule ist jetzt im Kino, und wir beiden haben es hier sehr friedlich und gemütlich. Dabei soll es auch bleiben, also weiter im Text. Unter den Internatsschülern war ein sehr netter Junge. Er war klein und schmächtig. Er hatte einen Lockenkopf, sein Name war Berti, und er war der Klassenclown.«

»Dann hatte er wohl Komplexe.«

Oma stutzt. »Warum das?«

»Na, weil er so klein und schmächtig war«, erklärt Charleen. »Das kenn ich, bei uns ist das Marcello. Der will immer um jeden

Preis auffallen, denn gute Noten hat er nicht«, fügt sie mit wissender Miene hinzu.

Oma zögert kurz. »Das hast du sicher richtig erkannt«, erwidert sie schließlich. »Nun, aber ein Angeber war Berti nicht. Er war ein guter Schüler. Ich glaube, die Klasse nahm ihn einfach nicht für voll und das ärgerte ihn maßlos. Zu Beginn der ersten Religionsstunde nach den Osterferien war sein Platz leer. *Wo ist denn Berti?* fragte ich. *Der ist schon zum Heim zurück, ihm war schlecht,* antwortete Dieter, ein Mitschüler aus dem Internat. *Dann hättest du ihn doch begleiten können, du hättest mich nur fragen müssen,* meinte ich voller Anteilnahme. *Das ging nicht, Frau Meyer,* entgegnete Dieter, woraufhin die Klasse in lautes Gelächter ausbrach. Ich war sprachlos – nein, nicht nur sprachlos, sondern schwer enttäuscht. So wenig Mitgefühl mit einem kranken Schüler? Und warum fanden das alle so witzig?

Was gibt es da zu lachen?, fragte ich erbost. *Oder habt ihr Berti einmal wieder auf die Schüppe genommen? Das ist nicht in Ordnung, hört ihr!*

Ich schimpfte laut, dachte aber leise: *Hoffentlich hat Berti sich nicht vorher vor lauter Angst in die Hose gemacht, dann ist er für immer bei der Klasse untendurch.* Das hatte ich schon einmal erlebt, Charleen, aber ich verriet es den Schülern natürlich nicht.

Wie auch immer. Ich konnte mir nicht erklären, warum alle so guter Laune waren. Aber das war nicht das Einzige, das mir in diesem Augenblick auffiel. Ich musterte die Klasse und aus den Augen einiger Kinder konnte ich eine gewisse Anspannung oder Aufregung ablesen, die ich mir ebenfalls nicht erklären konnte.«

»Und?«, fragt Charleen. »Was war der Grund?«

Charleen ist ebenfalls angespannt, das merkt Oma, die ihre Enkelin immer noch im Arm hält. Aber hoffentlich nur deswegen, weil sie die Geschichte spannend findet.

»Das Rätsel blieb vorerst ungelöst«, fährt Oma fort. »Und der Religionsunterricht nahm seinen gewohnten Lauf. Unser Thema war ›Der ungläubige Thomas‹.«

»Die Geschichte kenn ich, Omi!« Charleen löst sich aus der Umarmung und schaut Oma an. »Die Jünger hatten Thomas erzählt, dass Jesus auferstanden sei. Thomas entgegnete: *Das glaube ich erst, wenn ich ihn anfassen kann.*«

Oma nickt anerkennend. »Hätte ich nicht gedacht, Charleen, dass du dich so gut in der Bibel auskennst!«, lobt sie ihre Enkelin. »Aber pass auf, jetzt wird es richtig spannend. Ein Schüler las folgenden Text laut vor: *Acht Tage darauf waren seine Jünger wieder versammelt, und Thomas war dabei. Die Türen waren fest verschlossen. Da kam Jesus, er trat in ihre Mitte und –*

Da stockte der Schüler.

Denn plötzlich gab es ein unerwartetes Gepolter im eingebauten Schrank des Klassenzimmers! Etwas rumpelte und schepperte und bewegte sich darin. Etwas Großes und Schweres, wie ein eingesperrtes Tier.«

Oma macht eine Pause, um Charleen zu mustern, aber ihre Enkelin starrt sie nur mit halboffenem Mund an.

»Was war das denn, Omi?«, haucht Charleen schließlich.

Oma schmunzelt. »Das Rumpeln hörte auf und die Schranktüren öffneten sich. Langsam, ganz langsam, Zentimeter für Zentimeter. Die Türen haben dabei nicht gequietscht, denn sie waren gut geölt. Das Gymnasium war ja ganz neu und bestens in Schuss, weißt du?«

Charleen nickt ungeduldig.

»Dann«, fährt Oma fort, »dann hörten wir alle eine Stimme. Eine dumpfe Stimme, die aus dem halb geöffneten Schrank drang. Erst war die Stimme leise und verzagt, dann wurde sie immer fester und immer lauter und hallte zuletzt durch den ganzen Klassenraum.

Friede sei mit euch! Friede sei mit euch! Ja, Friede sei mit euch, verkündete die Stimme.

Inzwischen stand der Schrank ganz offen. Natürlich war es Berti, der dort auf dem obersten Regalbrett hockte. Er breitete die Hände aus und schaute uns alle erwartungsvoll an.

Einen Moment lang herrschte totale Stille.

Dann brach ein unheimliches Gelächter aus.«

Charleen ist gebannt und verzückt - und beinahe sprachlos. »Und was hast du gemacht?«, fragt sie Omi.

Oma schmunzelt. »Ich habe geklatscht. Geistesgegenwärtig, will ich einmal sagen. Und ich ermutigte Berti. *Lass uns doch deine Botschaft noch einmal hören!* Berti zögerte. Dann aber nahm er seinen ganzen Mut zusammen und verkündete der Klasse seine Botschaft noch einmal, jetzt mit fester Stimme*: Friede sei mit euch!* Schließlich kletterte er vorsichtig aus dem Schrank und schlich zu seinem Platz. Die Augen seiner Mitschüler aber leuchteten vor Anerkennung wegen seines tollkühnen Mutes, das konnte ich klar erkennen. Berti war der Held des Tages.«

Charleen grinst. »Und, hast du ihn bestraft?«

Oma schüttelt entschieden den Kopf. »Oh, nein, das wäre ganz unpädagogisch gewesen. Den Rest der Stunde verbrachten wir mit der Antwort auf die Frage: *Was bedeutet der Satz ›Friede sei mit euch‹ hier bei uns, in dieser Klasse?*«

Charleen kuschelt sich wieder an Oma. Die Geschichte ist zu Ende. »Omi«, fragt sie nach einer Weile, »hast du später denn noch rausgekriegt, ob Berti von den anderen im Schrank eingesperrt wurde? Oder ist er wirklich freiwillig hineingekrochen?«

»Weißt du, Charleen, das wollte ich gar nicht mehr so genau herausfinden. Ich habe fortan aber mit Freude festgestellt, dass dieser Auftritt Berti sehr gut getan hatte. Denn von dieser Stunde an benahm er sich etwas normaler, das heißt, er alberte nicht mehr ständig herum und ging mir nicht mehr so oft auf die Nerven. Vielleicht – oder sicher – lag das auch daran, dass er nun besser von der Klasse angenommen wurde.«

Charleen schweigt.

»Vielleicht hat er ja einfach keine Luft mehr gekriegt«, murmelt sie noch. Langsam scheint sie müde zu werden, denn sie gähnt. »Egal, Oma. Das war eine tolle Geschichte. Ich weiß nicht, ob sich jemand aus unserer Klasse so was zutrauen würde ... Nein, glaube ich nicht!« Dann, mit einem Schlag, sind ihre Lebensgeister – aus welchem Grund auch immer – wieder erwacht. »So«, stellt sie entschieden fest und richtet sich auf, »jetzt hole ich den Rummy-Kasten aus dem Kinderzimmer. Und wir spielen.«

Während Charleen nach dem Rummy-Kasten sucht, denkt Oma nach. *Was aus Berti wohl geworden ist? Gute Ideen hatte er ja immer. Und auch das richtige Timing für einen passenden Auftritt.*

ZUKUNFTSVISIONEN

Oma sitzt auf der Terrasse und schaut in den sommerlichen Garten. Hibiskus, Funkien und Sundaville sind voll aufgeblüht. Der Springbrunnen plätschert leise vor sich hin und die unverwüstlichen Tagetes leuchten in der Sonne.

Vor Oma liegt das aufgeschlagene Album von der Goldenen Hochzeit, die sie im Vorjahr mit ihrem Mann begehen konnte. »Wie schnell ist wieder ein Jahr vergangen«, denkt sie. »Gut, dass wir mit den Geschwistern, Nichten und Neffen und deren Kindern gefeiert haben.«

Sie betrachtet noch einmal mit Wehmut das große Familienfoto. Das Foto wurde im Garten des Restaurants Schomaker in Dümmerlohausen geschossen. Mehr als siebzig Personen sind darauf abgebildet. Fast alle blicken lächelnd in die Kamera.

»Damals konnten wir noch nicht ahnen, dass zwei liebe Verwandte nach einem Jahr nicht mehr bei uns sein werden ... So ist das Leben.« Oma schließt für einen Moment die Augen. Sie möchte sich einige schöne Bilder zurückholen, die die Trauer, die sie wieder befallen hat, etwas vertreibt.

Plötzlich schrickt sie zusammen. Jule und ihre Schulfreundin Hanna stecken vorsichtig die Nasen um die Hausecke. In gebückter Haltung pirschen sie sich an die Terrasse an. Als beide sehen, dass Oma sie entdeckt hat, richten sie sich auf.

»Entschuldige, Oma«, sagt Jule und grinst leicht verlegen, »wir wollten dich nicht erschrecken. Wir dachten, du schläfst, darum wollten wir uns ganz leise anschleichen.« Das Anschleichen hat Jule in vielen Indianerspielen mit Opa gelernt. Allerdings war das in Jules Grundschulzeit und da war Opa auch noch etwas jünger. Aber sich leise anzuschleichen und jemanden zu überraschen, das machen Jule und Charleen noch immer gern, wenn sie bei Oma und Opa auftauchen.

»Wo kommt ihr denn schon her?«, fragt Oma erstaunt und schaut auf ihre Uhr. »Es ist doch erst kurz vor zwölf.«

»Sport ist ausgefallen«, lautet die knappe Antwort. Beide Mädchen stellen die schweren Rucksäcke an der Hauswand ab.

»Wollt ihr etwas trinken, bevor ich euch weiter chauffiere?« fragt Oma. Wenn die Kinder vorzeitig aus der Schule kommen, ist es ihre - oder Opas - Aufgabe, sie mit dem Auto später nach Rüschendorf zu bringen.

»Lass nur, Oma«, meint Jule. »Ich hole uns schon 'ne Flasche Wasser.«

Sie flitzt in die Küche, kommt mit einer Flasche Wasser und zwei Gläsern zurück und schenkt Hanna ein. »Oh, Oma, wolltest du auch was trinken? Dann hol ich noch schnell ein Glas.«

Oma winkt ab. »Erzählt mir lieber etwas, ihr beiden Hübschen!«

Jule und Hanna setzen sich zu Oma.

»Tja, von der Schule gibt's nichts Besonderes zu berichten«, meint Jule und nimmt einen Schluck. »Aber du hattest sicher eben einen schönen Traum, Oma. Du hast sogar gelächelt.« Sie wirft Hanna einen verschwörerischen Blick zu. »Da hatten wir beide Spaß, denn wir haben dich schon eine Weile lang observiert. Dann haben wir noch einen Moment gewartet und sind dann noch einmal um die Ecke gekommen.«

Oma schmunzelt. »Typisch, Jule. Aber ich will euch wohl erzählen, woran ich eben gedacht habe. Ich habe einmal wieder über das Leben *an sich* nachgedacht.« Sie schaut die beiden Teenies an. »Das könnt ihr wahrscheinlich nicht verstehen, oder?«

Jule zuckt die Achseln.

»Nun, angenommen, ich frage euch, was ihr an eurem Leben gut findet, was würdet ihr dann antworten? Ich behaupte einmal, dass ihr beide eigentlich mit eurem Leben zufrieden seid. So wirkt ihr wenigstens auf mich.«

»Klar, Oma!«, antwortet Jule sofort. »Wir haben's gut, besonders weil die Technik heute so vielseitig ist – im Gegensatz zu früher. Außerdem kann ich fast jedem Hobby nachgehen, das mir Spaß macht.«

»Stimmt.« Oma nickt und muss schmunzeln. »Außer dir kenne ich auch niemanden, der Weißbauchigel züchtet.«

»Ich finde es schön, dass es hier immer Menschen gibt, die einem helfen können«, ergänzt Hanna. »Die Familie sowieso und natürlich auch die Freunde.«

»Und Urlaub mit der Familie machen, das ist natürlich ein Highlight – oder war das etwa nicht toll in diesem Jahr auf Kreta, Oma?«, fragt Jule nach. Oma ist nämlich in diesem Jahr mit der ganzen Sippe in den Urlaub geflogen. Opa Just fliegt nicht, war also zu Hause und hat alle Tiere und die Blumen versorgt.

»Ja, ich habe die Zeit mit euch genossen«, bestätigt Oma und dann fügt sie hinzu: »Dann ist die Welt ja wenigstens bei euch noch in Ordnung ...«

Hanna nickt, aber man kann Jule ansehen, dass sie langsam nachdenklich wird. Das berüchtigte Räderwerk hinter ihrer Stirn nimmt einmal wieder seine Arbeit auf.

»Bei uns ja«, erklärt Jule schließlich ernst, »aber die Welt *an sich* ist wohl in keiner Weise in Ordnung.« Sie hat ihr Glas schon ausgetrunken und schenkt sich noch einmal etwas ein. »Klimawandel, Wälder werden abgeholzt, Umweltverschmutzung, Tiere sterben aus, Menschen hungern ...«

»Nicht zu vergessen, dass es fast überall Terroristen gibt«, wirft Hanna ein. »Das ist doch eine akute Gefahr.«

Oma schaut die beiden nachdenklich an. *Sind das jetzt alles nur Schlagwörter, die die beiden aufgegriffen haben?*, überlegt sie im Stillen. *Oder stecken eigene Überlegungen dahinter?*

Das möchte Oma genau wissen, und deshalb fragt sie nach. »Was würdet ihr denn zuerst ändern oder abschaffen, wenn ihr die Möglichkeit dazu hättet?«

Hanna hat sofort eine Antwort parat. »Ich würde zuerst die Armut abschaffen! Viele Leute machen sorglos Urlaub in fremden Ländern, in denen die Menschen kaum überleben können. Und dann verbrauchen sie dort zum Beispiel so viel Wasser, dass die Einheimischen nur noch ganz wenig Reserven haben.«

Jule nickt. »Genau. Und ich würde sofort den Klimawandel stoppen«, verkündet sie. »So viele Pflanzen und Tiere sind schon ausgestorben, viele Arten sind bedroht. Ich möchte später einen Beruf haben, in dem ich mithelfen kann, dass bedrohte Tiere sich wieder ausbreiten können.«

Von diesem Ziel spricht Jule schon seit der Grundschulzeit und es scheint ihr damit ernst zu sein. Als Jule noch klein war, konnte Oma mit ihr keine weiten Spaziergänge machen, weil Klein-Jule jedem Käfer auf dem Weg nachgespürt hat. Mit fünf Jahren wünschte sie sich dann zum Erstaunen aller ein Muschellexikon zum Geburtstag – aus dem Oma oft statt eines gewöhnlichen Gute-Nacht-Buches vorlesen musste.

»Und du, Hanna, magst du mir auch deine geheimen Berufswünsche verraten?«, fragt Oma vorsichtig nach.

»Klar. Ich weiß zwar nicht, was in zehn Jahren ist ... ob ich dann anders denke, meine ich. Aber im Moment möchte ich gerne Kinderärztin werden, damit ich anderen Kindern helfen kann. Und später auch den eigenen.«

Jule sieht Hanna erstaunt an. »Du willst später heiraten?«

»Ja, du denn nicht?«

»Ich weiß nicht«, meint Jule zögerlich und knibbelt an ihrer Unterlippe, »darüber habe ich mir noch keine Gedanken gemacht. Ich glaube, ich möchte, wenn ich erwachsen bin, erst mal ganz viel unternehmen und natürlich viel reisen.« Und nach einer Pause fügt sie an: »Aber mit Hartz IV geht das ja nicht.«

»Wie kommst du denn darauf?«, fragt Oma erstaunt.

Jule überlegt. »Tja. Es könnte ja sein, dass ich keine passende Stelle finde«, erklärt sie schließlich. »Oder in meinem Beruf nicht genug Geld verdienen kann, um meine Ziele zu realisieren. Das wäre ganz schön hart.« Dann aber schaltet sie unbekümmert um, so wie es ihre Art ist, und beginnt zu flachsen. »Wenn ich allerdings *jetzt* in dieser Situation wäre, würde ich schnell ein Piercing- und Tattoostudio aufmachen. Und dann die Kunden dazu überreden, sich seltene Tiere oder Pflanzen auf beliebige Körperteile eingravieren zu lassen. Im Urlaub habe ich doch gestaunt, wie viele Leute Tattoos hatten, und viele Motive fand ich extrem ätzend. Aber Tattoos von exotischen Tieren und Pflanzen wären doch eine Attraktion, oder? Da guckt jeder drauf und manch einer würde sicher nachfragen oder die jeweilige Person ansprechen, warum sie dieses besondere Tattoo trägt ... Dann könnte ich gleich zwei Fliegen mit einer Klappe schlagen: Geld verdienen und die Leute auf Probleme mit der Umwelt und so weiter aufmerksam machen.«

Oma und Hanna müssen lachen.

»Dann müsstet du aber mit gutem Beispiel vorangehen«, schlägt Oma vor. »Du magst doch gar keine Tattoos.«

»Na, zu einem Aurorafalter auf dem Oberarm könnte ich mich vielleicht noch entschließen«, erwidert Jule schlagfertig.

»Aha, der ist also in Gefahr auszusterben? Wo gibt's diesen Schmetterling denn noch?«, fragt Hanna schnell nach. Sie will wohl sichergehen, dass Jule sich den Namen nicht gerade ausgedacht hat. Man kann ja nie wissen, was Jule sich so alles im Laufe des Tages zusammenspinnt. Das weiß Hanna aus Erfahrung. Aber heute meint Jule es ernst.

»Den Aurorafalter gibt es nur noch in den Alpen. Das Männchen sieht orange-weiß aus, gehört zu den Weißlingen und braucht Wildkräuter zum Überleben. Kannste zu Hause googeln, wenn du mir nicht glaubst ...«

Oma steht auf. »Aber nun mal im Ernst«, beginnt sie und schlägt einen Tonfall an, der klar macht, dass die Diskussion so langsam an ihr Ende kommen muss, weil sie gleich mit den beiden durchstarten möchte. Die beiden Teenies haben den Wink mit dem Zaunpfahl verstanden, rutschen von den Stühlen und holen ihre Rucksäcke.

»Ihr meint also, dass sich auf unserem schönen blauen Planeten noch viel ändern muss, damit ihr so alt werdet wie ich?«, fragt Oma als Letztes noch einmal nach. »Oder auch älter? Statistisch gesehen wird euer Jahrgang im Durchschnitt wahrscheinlich neunzig Jahre alt.«

»Uff ... also ich meine«, erklärt Hanna, während sie ihren schweren Rucksack schultert, »die Menschen hier müssten nicht immer danach streben, alles noch schöner und besser zu haben. Und sie sollten nicht nur daran denken, noch mehr Geld zu verdienen, damit sie in exotische Länder reisen können. Sie sollten sich mit einem einfachen normalen Leben zufrieden geben. Dann würde die Armut doch sicher abnehmen.«

Jule nickt. »Sie können aber ruhig auch mit Hilfe der modernen Technik Berufe, Beschäftigungen, Arbeiten oder Hobbys erfinden, die nicht der Umwelt schaden. Eben Dinge, die vielen Menschen helfen und die auch noch im Alter nützlich sind. Ich möchte nicht mit achtzig, falls ich dann noch fit bin, nur meine Pflanzen auf dem Balkon gießen.«

Oma staunt, solche Überlegungen hat sie den beiden nicht zugetraut. Sie geht in die Küche, um noch schnell zwei Schokoriegel als Snack für die kurze Fahrt nach Rüschendorf einzupacken.

Seltsam, denkt sie, *ich habe immer Angst vor einem drohenden Atomkrieg und der damit verbundenen Auslöschung von großen Teilen unserer Erde. Das haben die beiden Teenies nicht angesprochen ... Können sie auch wohl nicht, denn sie sind ja sehr behütet und in einer Zeit ohne Krieg aufgewachsen.*

ADIEU!

Kleine Hand an meiner Hand,
hast dich losgelassen.

Stolperst noch ein wenig bang
an dem neuen Zaun entlang.

»Lust aufs Leben!«
sagt dein Blick,

und du kommst nie mehr
zurück.

(Maria Meyer 2011)

DANKSAGUNG

Ich hätte nie gedacht, dass ich mit 75 Jahren noch ein zweites Buch schreiben würde. Jetzt ist es in relativ kurzer Zeit entstanden, mit Hilfe all meiner Lieben. Themen, die mir noch am Herzen lagen, gab es genug, Nachfragen nach einer Fortsetzung des ersten Bandes wurden immer wieder an mich herangetragen.

In einer schweren Lebenskrise ermutigte mich mein Mann, mit dem Schreiben wieder anzufangen, um abschalten zu können. Darum geht mein erster Dank an ihn, aber auch an meinen Sohn Andreas, der als professioneller Romancoach und Lektor mich erneut von Anfang an begleitet hat. Er hat wieder mit einer hohen Sensibilität für Ausdruck und Sprachrhythmus alle Unebenheiten hervorragend ausgebügelt, inhaltliche Lücken perfekt aufgefüllt und seine Phantasie bei den lustigen und neugierig machenden Überschriften eingebracht.

Ein ganz großes Dankeschön geht an meine Enkelinnen Jule und Charleen, die mir erlaubt haben, viele Details aus ihrem persönlichen Leben aufzunehmen, besonders auch die unterschiedlichen Verhaltensweisen, die naturgemäß zwischen einer Zehnjährigen und einer Dreizehnjährigen, die sich gerade in der Pubertät befindet, bestehen. Manche Geschichten wären in dieser Form sonst nicht zustande gekommen, weil die zum Teil fiktiven Rahmenhandlungen von dieser Spannung leben. Dank auch an Hanna für die Aussagen im letzten Kapitel.

Mein besonderes Dankeschön geht weiter an meine Schwiegertochter Katja, die den einzigartigen Klapperstorch mit leichter Feder zeichnete und an meinen Sohn Martin, der meinen Laptop mehrfach wieder in Ordnung brachte, damit ich weiterschreiben konnte.

Ferner danke ich Uschi und Jan Röttgers sehr herzlich, weil sie sich die Zeit genommen haben, Fehler jeder Art akribisch aufzuspüren.

Das Bild von der Waschküche auf dem Cover sowie alle Zeichnungen im Buch stammen ausnahmslos von Anna Göttke-Krogmann, die so großzügig war, mir all ihre gezeichneten Kunstwerke in die Hand zu geben.

Die Umschlaggestaltung stammt wieder von Kristina Schlemmer, die unsere Vorgaben erneut großartig künstlerisch umgesetzt hat.

Es erfordert viel Arbeit und eine große Leidenschaft, ein Buch zu verfassen und ebenso viel Mut und Leidenschaft, es zu vermarkten. Darum danke ich allen einheimischen Buchhändlern, die mich dabei unterstützt haben. Ich danke ebenso den Leitern der Seniorenheime, die mich zu Lesungen einluden und mein erstes Buch an ihre ehrenamtlichen Mitarbeiter verschenkten.

Wenn Sie mehr darüber erfahren wollen, besuchen Sie mich doch bitte auf meiner Webseite.

www.mariameyer.info

NACHWORT

Wegen der großen Nachfrage habe ich mich entschieden, den zweiten Band der »Jule-Bücher« neu auflegen zu lassen, diesmal bei BoD. Dafür danke ich meinem Sohn Andreas, der das gesamte Projekt gemanagt hat, ganz besonders. Andreas arbeitet seit vielen Jahren als freiberuflicher Lektor und Romancoach. Wenn Sie auch Hilfe bei Ihrem Buchprojekt benötigen, besuchen Sie ihn doch einmal auf seiner Webseite www.romanlektorat.de.

Der erste Band, **»Oma und Jule oder ein Löwe auf dem Skateboard«**(2016), ist mittlerweile in der vierten Auflage erschienen und wird weiter nachgefragt. In diesem Buch erzähle ich der damals zehnjährigen Jule vom einfachen Leben auf dem Dorfe in der Kriegs- und Nachkriegszeit. Themen wie Flucht und Gefangenschaft werden nicht ausgespart.

Ebenso wie der vorliegende Band **»Neues von Oma und Jule«** hat sich das Buch zum Renner in Seniorenheimen und Krankenhausbüchereien entwickelt. Bei meinen zahlreichen Lesungen habe ich festgestellt, dass Ältere gerne wieder in die vergangene Kinderzeit eintauchen. Aber auch Kinder von fünf bis zehn Jahren hören diese Geschichten sehr gern, wenn man sie ihnen vorliest und ihnen die Zeitumstände näherbringt.

Der dritte Band, **»Omas Schatztruhe«,** stellt das Kind vom Kleinkindalter bis zum Grundschulalter in den Mittelpunkt. Die Gedichte, Anekdoten und kurzen Erzählungen werden durch Fotos ergänzt, sie laden zum Nachdenken, Betrachten und Innehalten ein – für alle, die Kinder lieben und sie begleiten möchten.

Der erste und der dritte Band sind im Selbstverlag erschienen und in den Buchhandlungen in den Landkreisen Vechta und

Cloppenburg (beides Niedersachsen) weiterhin erhältlich. Sie können die Bücher aber auch direkt per E-Mail bestellen: maria.meyer41@googlemail.com

»Wie kann man ohne Strom leben?«
»Warum hat eine Gutsherrin aus Ostpreußen Angst vor Schweinen?«

Oma erzählt der zehnjährigen Jule vom einfachen Leben auf dem Dorf. Es sind 19 wahre Geschichten aus der Kriegs- und Nachkriegszeit. Sie handeln von Spielen und Streichen, von Bräuchen und Festtagen.

www.mariameyer.info

»Omas Schatztruhe« ist ein Buch über Kinder und ihre Fantasie. Dieser Band rückt das Kind in den Mittelpunkt – in seiner Würde, Eigenständigkeit und Besonderheit – besonders in einer Zeit, die von Hektik, Digitalisierung und Reizüberflutung geprägt ist.

www.mariameyer.info